reinhardt

Katja Koch • Andrea Schulz • Tanja Jungmann

Überall steckt Mathe drin

Alltagsintegrierte Förderung mathematischer
Kompetenzen für 3- bis 6-jährige Kinder

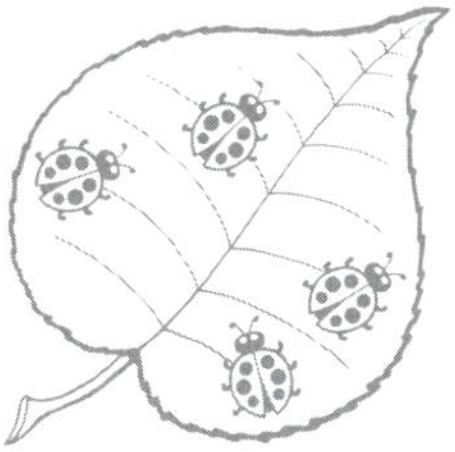

Mit 35 Abbildungen
Mit Online-Materialien

Ernst Reinhardt Verlag München Basel

Prof. Dr. *Katja Koch*, Sonderschullehrerin, ist Professorin für frühe Sonderpädagogische Entwicklungsförderung an der Universität Rostock.

Andrea Schulz, Dipl.-Päd. (Rehab.), ist als wissenschaftliche Mitarbeiterin an der Universität Rostock tätig.

Prof. Dr. *Tanja Jungmann*, Dipl.-Psych., lehrt sonderpädagogische Frühförderung und Sprachbehindertenpädagogik an der Universität Rostock.

Außerdem sind folgende weitere Bände lieferbar:
Jungmann, Morawiak, Meindl: Überall steckt Sprache drin (978-3-497-02520-6)
Jungmann, Koch, Schulz: Überall stecken Gefühle drin (978-3-497-02522-0)
Bibliografische Information der Deutschen Nationalbibliothek

Die Deutsche Nationalbibliothek verzeichnet diese Publikation in der Deutschen Nationalbibliografie; detaillierte bibliografische Daten sind im Internet über <http://dnb.d-nb.de> abrufbar.
ISBN 978-3-497-02521-3 (Print)
ISBN 978-3-497-60212-4 (E-Book)

Printed in Germany
Cover unter Verwendung eines Fotos von © MNStudio – fotolia.com
Satz: Katharina Ehle, Leipzig

Ernst Reinhardt Verlag, Kemnatenstr. 46, D-80639 München
Net: www.reinhardt-verlag.de E-Mail: info@reinhardt-verlag.de

Inhalt

Online-Material

Bildkarten, Arbeitsblätter oder Spielpläne zu vielen der Spiele können Leserinnen und Leser dieses Praxisbuchs auf der Homepage des Ernst Reinhardt Verlags unter http://www.reinhardt-verlag.de herunterladen. Das Zusatz-Material ist passwortgeschützt, das Passwort zum Öffnen der Dateien finden Sie am Ende des Buches.

Vorwort

Dieses Buch beschäftigt sich mit der alltagsintegrierten Förderung von Mathematik in Kindertageseinrichtungen. Nun könnte man sich natürlich fragen: Warum sollen denn schon die kleinen Kinder mit Mathematik konfrontiert werden? Reicht es nicht, wenn dieser Stress in der Schule beginnt? An dieser Stelle können wir Sie beruhigen: Stress wollen wir niemandem machen – weder Ihnen noch den Kindern. Vielmehr geht es uns darum, Möglichkeiten zur spielerischen Auseinandersetzung mit mathematischen Inhalten aufzuzeigen. Und die soll vor allem Spaß machen! Das können Sie sich nur schwer vorstellen? Wir schon. Denn mal ehrlich: Haben Sie jemals ein Kind erlebt, das beim Zuordnen von Kleidern zu seinen Puppen, beim gerechten Aufteilen einer Tüte Bonbons an seine Freundinnen und Freunde oder auf das Angebot, sich eine der drei Eiswaffeln aus der Tiefkühltruhe zu nehmen, gesagt hätte: „Nee, mach ich nicht mit, Mathe macht mir keinen Spaß!" Vermutlich ist Ihnen das noch nie passiert. Dabei haben sich die Kinder in allen diesen Situationen mit Mathematik auseinandersetzen müssen. Sie haben dabei jede Menge mathematischer Erfahrungen gesammelt, und das ganz beiläufig, mit Spaß und in ganz alltäglichen Situationen. Solche frühen, spielerischen Erfahrungen sind enorm wichtig für das spätere Lernen in der Schule. Denn: Der Schulbeginn ist nicht die „Stunde Null" der Bildung! Viele Erfolge, aber eben auch viele Probleme, die Kinder in den ersten Grundschuljahren haben, resultieren aus der Vielfalt und der Qualität solcher *vor*schulischen *lernwirksamen Vorerfahrungen*, wie sie ihnen in den Kindertageseinrichtungen ermöglicht werden. Fast alle Bundesländer in Deutschland haben die Förderung früher mathematischer Kompetenzen inzwischen in ihren Bildungsplänen für den Elementarbereich verankert. Auch im bundesländerübergreifenden BildungsRahmenPlan für elementare Bildungseinrichtungen in Österreich (BMBF 2009) und im Orientierungsrahmen für die frühkindliche Bildung, Betreuung und Erziehung in der Schweiz (Wustmann Seiler/Simoni 2012) finden mathematische Kompetenzen Berücksichtigung.

Doch in der Praxis bleiben noch immer viele Fragen offen: Wie kann ich mich konkret in meiner Gruppe mit Zahlen beschäftigen? An welcher Stelle seiner Entwicklung steht ein Kind gerade? Wie soll ich nun weitermachen, was wäre ein entwicklungsangemessener nächster Schritt? Wenn ein Kind etwas länger braucht als andere, um die Anzahl von Bauklötzen zu erfassen – ist das schon ein Anzeichen für ernsthafte Probleme oder entwickeln sich Kinder einfach nur unterschiedlich schnell?...

Dieses Buch ist als Antwort auf diese und weitere Fragen entstanden, wie sie uns im Rahmen der Fortbildungen und Coachings in unserem Professionalisierungsangebot für pädagogische Fachkräfte (KOMPASS, gefördert vom Ministerium für Bildung, Wissenschaft und Kultur, Mecklenburg-Vorpommern) immer wieder begegnet sind. Kurz und prägnant werden zunächst die Entwicklungsstufen mathematischer Kompetenzen beschrieben, um danach zu zeigen, wie mathematische Kompetenzen im ganz normalen Alltag von Kindertageseinrichtungen gezielt und spielerisch gefördert werden können. Dazu findet sich im vierten Kapitel des Buches eine Sammlung von Spielen, die – geordnet nach den jeweiligen Entwicklungsstufen und den zu fördernden Kompetenzen – jede Menge Differenzierungsmöglichkeiten aufweisen. Das online verfügbare Zusatzmaterial enthält Vorlagen für ausgewählte Spiele und weitere Situationen im Alltag, die für mathematisch bedeutsame Aktivitäten genutzt werden können.

Sowohl Sie als auch die Kinder sollen vor allem Spaß am spielerischen Entdecken von Mathematik im Alltag haben. Es geht also nicht darum, schulische Inhalte in Kindertageseinrichtungen zu verlagern, vielmehr sollen den Kindern mathematische Vorerfahrungen ermöglicht werden, die sie in ihrem späteren schulischen Lernen wirksam unterstützen und Problemen präventiv entgegenwirken. Um die Anregungen und Spiele umzusetzen, benötigen Sie weder teure Zusatzmaterialien, noch müssen Sie besondere Situationen schaffen. Denn Sie werden sehen: Überall steckt Mathe drin!

Abschließend möchten wir all jenen danken, die uns tatkräftig unterstützt haben: Allen voran sind das die pädagogischen Fachkräfte, Kinder und Eltern, die am Projekt KOMPASS mitgewirkt haben. Angestoßen durch deren zahlreiche Fragen und Anregungen aus der Praxis, konnte dieses Buch erst entstehen.

Wolfgang Theiler und Christina Lucht danken wir für die Kreativität, Unterstützung und Mitarbeit bei der Erstellung der Fotos sowie der reichhaltigen Bild- und Spielmaterialien, die dieses Buch anschaulicher machen und bei der Umsetzung des fachlichen Wissens in die Praxis helfen. Renate Bauerfeld danken wir für die kritische Durchsicht des Manuskripts, Xenia Dienemann für wertvolle Anregungen.

Weiterhin möchten wir Eva Maria Reiling und Christine Wiesenbach vom Ernst Reinhardt Verlag für ihre stets kompetente Betreuung des Buchprojektes sowie Susanne Sigmund für die Lektorierung dieses Buches danken.

Rostock, im Januar 2015
Katja Koch, Andrea Schulz, Tanja Jungmann

1 Mathematische Basiskompetenzen

In diesem Kapitel werden zunächst die Inhaltsbereiche der Mathematik sowie zugehörige Kompetenzen beschrieben, danach wird auf die Meilensteine der Entwicklung im Vorschulalter eingegangen. Da sich spätere Rechenstörungen bereits im Vorschulalter andeuten, geht es im Anschluss um Auffälligkeiten in der mathematischen Entwicklung. Wann ist es wichtig, genauer hinzuschauen und gezielter zu fördern, damit aus Auffälligkeiten keine gravierenden Probleme werden? Alltagstaugliche Möglichkeiten zur Beobachtung und Dokumentation werden als Grundlage jeglicher Förderung beschrieben und abschließend wird darauf eingegangen, welche Beziehungen zwischen mathematischen Basiskompetenzen und anderen Entwicklungsbereichen bestehen.

1.1 Entwicklungsmeilensteine mathematischer Basiskompetenzen

Weder über den Begriff „mathematische Basiskompetenzen" noch über die Anzahl und Benennung der einzelnen Teilkompetenzen und deren Zuordnung zu Inhaltsbereichen herrscht Konsens in der Fachliteratur.

Begriffsdefinition

Begriffe wie *mathematische Vorerfahrungen* (Wittmann 2002), *Vorläuferfähigkeiten/Vorläuferfertigkeiten* (Krajewski/Schneider 2006), *arithmetisches oder mathematisches Vorwissen* (Weißhaupt et al. 2006) oder auch *Zahlvorwissen* (Grüßing et al. 2013) werden zum Teil synonym genutzt, zum Teil beschreiben sie mit unterschiedlichen Schwerpunkten ähnliche Inhalte. Einigkeit besteht aber darin, dass mathematische Vorläuferfertigkeiten das Fundament für das spätere Mathematikverständnis bilden.

Definition

Mit dem Terminus **mathematische Vorläuferfertigkeiten** werden nach Krajewski/Schneider (2006) jene Fertigkeiten bezeichnet, die als Voraussetzung für ein wahres Verständnis der Arithmetik angesehen, bereits im Vorschulalter erworben und gefördert werden können. Die **Arithmetik** ist ein Teilgebiet der Mathematik, das sich mit dem Rechnen mit Zahlen beschäftigt und die Grundrechenarten (Addition, Subtraktion, Multiplikation und Division) umfasst.

mathematische Basiskompetenzen

In der aktuellen Fachliteratur werden (im Einklang mit den Standards des National Council of Teachers of Mathematics, NCTM 2000) die folgenden Kompetenzen beschrieben:

- Mengen (erkennen, sortieren/klassifizieren, bestimmen, vergleichen, zerlegen, [quasi-]simultan erfassen)
- Muster und Seriation (Reihen- oder Rangfolgen bilden)
- Zahlen/Zählen
- Operationen

Inhaltsbereiche der Mathematik

Die genannten Kompetenzen lassen sich dem mathematischen Inhaltsbereich *Mengen, Zahlen, Operationen* zuordnen. Weitere Inhaltsbereiche, in denen Kinder im vorschulischen Alter erste mathematische Fähigkeiten erwerben, sind:

- Formen und Raum
- Größen und Messen

Wie sich die genannten Kompetenzen entwickeln, um schlussendlich zu einem umfassenden Zahlbegriff zu verschmelzen, wird in verschiedenen Entwicklungsmodellen dargestellt. Bevor später auf Meilensteine einzelner Basiskompetenzen eingegangen wird, soll die Entwicklung zunächst im Ganzen betrachtet werden.

Zahlbegriff

Der zentrale Entwicklungsschritt, den Kinder für den Übergang zu Schule bewältigen müssen, ist der Erwerb eines möglichst umfassenden Zahlbegriffs.

Definition

Unter **Zahlbegriff** wird im wortwörtlichen Sinne verstanden, dass Kinder mehrere Aspekte von „Zahlen“ verstehen und miteinander in Verbindung bringen können.

Erstens müssen sie verstehen, dass Zahlen eine Rangfolge bilden. Diesen Aspekt nennt man den *ordinalen Zahlaspekt*. Zweitens müssen sie verstehen, dass

Zahlen Mengen repräsentieren, dass also „hinter“ jeder Zahl eine Menge (von z. B. Gegenständen) steht, die durch diese Zahl symbolisiert wird. Diesen Aspekt nennt man *kardinalen Zahlaspekt.*

Wenn Kinder den ordinalen Zahlaspekt und den kardinalen Zahlaspekt miteinander verknüpft (integriert) haben, ist der wichtigste Entwicklungsschritt im Vorschulalter absolviert, der Erwerb des Zahlbegriffs.

Beispiel

Kinder verstehen: Wenn das fünfte Element in einer Reihe erreicht wird, enthält die gezählte Menge insgesamt fünf Elemente. Die gezählte Menge hat damit die Größe fünf.

Mit dieser Verknüpfung geht das Verständnis für bestimmte Beziehungen zwischen den Zahlen (*relationaler Zahlaspekt*) einher. Es markiert den Schritt zum ersten arithmetischen Verständnis.

Viele Kinder im Vorschulalter verstehen bereits Relationen zwischen Zahlen im Zahlenbereich bis zehn, z. B. die Drei ist näher an der Eins als an der Zehn.

Auch andere Aspekte des Zahlbegriffs können Kinder im Vorschulalter bereits erleben und erfassen, z. B. den *Operatoraspekt* und den *Maßzahlaspekt*. Operatorzahlen beschreiben die Anzahl der Wiederholung eines Vorganges bzw. einer Handlung.

Beispiel

Es hat zweimal geklingelt. Ich war schon dreimal baden (Operatorzahl).

Maßzahlen beschreiben messbare Größen wie Höhe, Umfang, Alter, Gewicht etc.

Beispiel

Ich wiege 27 kg. Meine Mama ist 39 Jahre alt (Maßzahl).

Natürlich sind auch diese Aspekte wichtig, die zentrale Rolle für den Vorschulbereich kommt jedoch den *ordinalen und kardinalen Zahlen* zu. Entsprechend stark wird aus entwicklungspsychologischer und mathematikdidaktischer Perspektive auf die Inhaltsbereiche *Mengen, Zahlen, Operationen* fokussiert. So umfasst das Entwicklungsmodell von Krajewski / Schneider (2006) die folgenden drei Kompetenzebenen.

numerische Basisfähigkeiten

Auf der **Ebene I** der numerischen Basisfähigkeiten steht zunächst die Ausbildung des unpräzisen Mengenbegriffs im Vordergrund. Die Kinder erwerben die Fähigkeit, Mengen zu unterscheiden und damit erlangen sie ein großes Repertoire an nicht-numerischen Mengenbegriffen (groß, klein, viel, wenig etc.). Unter Nutzung von Begriffen wie *mehr* und *weniger* können sie auch Mengenvergleiche durchführen, sie sind aber noch nicht in der Lage, zwischen einzelnen Stückzahlen zu differenzieren (Sinner 2011).

Parallel dazu, aber unabhängig davon, entwickelt sich ab etwa einem Alter von zwei Jahren die Zahlwortreihe. Kinder erlernen die Zahlwortreihe, die – wie ein Gedicht – auswendig aufgesagt werden kann, ohne dass die einzelnen Zahlwörter mit den korrespondierenden Mengen verbunden werden. Mengen und Zahlen stehen noch isoliert nebeneinander, der Zahlwortreihe kommt lediglich eine Ordnungsfunktion zu (ordinaler Zahlaspekt).

Anzahlkonzept

Auf der **Ebene II** verstehen die Kinder, dass jede Zahl mit einer bestimmten Menge verknüpft ist und folglich Mengen durch Zahlen bezeichnet werden können. Das Anzahlkonzept wird nach Krajewski/Schneider (2006) in zwei Phasen erworben:

In der *Phase IIa* erwerben die Kinder zunächst ein *unpräzises Anzahlkonzept.* Die Mengen-Zahlen-Zuordnung funktioniert hier zunächst nach groben Mengenkategorien (viel, wenig, sehr wenig etc.).

Beispiel

Kinder ordnen Zahlwörter wie zwei oder fünf in die Kategorie „wenig" ein, wohingegen 100 in die Kategorie „viel", 1000 in die Kategorie „sehr viel" fällt.

Dies geschieht, obwohl sie noch nicht in der Lage sind, diese Mengen bzw. bis zu diesen Zahlen zu zählen. Die Zuordnung resultiert allein aus der Erfahrung, dass man bis zum Erreichen großer Zahlen viel länger zählen muss als bis zum Erreichen kleiner Zahlen. Die Dauer des Zählens korrespondiert also mit der Größe der Zahl. Die Kinder können zu diesem Zeitpunkt zwischen Anzahlen, die verschiedenen Mengenkategorien zugeordnet sind, unterscheiden (Sinner 2011).

Beispiel

Bis zwei muss man nur kurz zählen, also gehört zwei zur Kategorie „wenig". Bis 100 muss man ganz lange zählen, deshalb sind 100 „viel". Also ist fünf weniger als 100.

Sie sind allerdings nicht in der Lage, präzise Mengen, die zur gleichen Mengenkategorie gehören, zu unterscheiden.

Beispiel

Für 15 und 17 muss man etwa gleich lang zählen. Welche Zahl größer ist, kann noch nicht ermittelt werden.

Dies gelingt erst, wenn das *präzise Anzahlkonzept* in *Phase IIb* erworben wurde. Dabei wird die auf Ebene I gelernte exakte Zahlwortreihe an die Fähigkeit zur Seriation von Mengen gekoppelt. Die Kinder verstehen nun, dass die Zahlenfolge exakte, aufsteigende Quantitäten repräsentiert. Sie erkennen, dass beim Abzählen verschiedener Mengen die letzte Zählzahl die Mächtigkeit der Menge angibt. Sie erkennen auch, dass die Dauer des Zählens exakt mit der Mächtigkeit der zu zählenden Menge übereinstimmt. Erst jetzt sind sie in der Lage, Zahlen, die eng beieinander liegen oder zunächst in einer der groben Mengenkategorien zusammengefasst waren, der Größe nach zu ordnen und zu entscheiden, welche Zahl größer oder kleiner ist. Diese Erkenntnisse führen zu einem präzisen Anzahlkonzept bzw. dem Kardinalverständnis der Zahlen und befähigen zu Anzahlseriationen und -vergleichen.

Verständnis für Mengen

Unabhängig vom Anzahlkonzept entwickelt sich das Verständnis für unbestimmte Mengen (ohne Zahlbezug) im Alter von drei bis fünf Jahren. So begreifen die Kinder, dass sich Mengen verändern, wenn man etwas hinzufügt oder wegnimmt, nicht jedoch durch Manipulation der räumlichen Ausdehnung oder der Form (*Mengeninvarianz*: Dies ist nach Piaget das Wissen, dass Anzahl, Masse und Volumen von Objekten gleich bleiben, wenn diese lediglich ihre Anordnung bzw. Form verändern). In dieser Phase festigt sich ein erstes grundlegendes Verständnis für die Addition und Subtraktion. Ebenso kommen die Kinder zu der Erkenntnis, dass sich Mengen in einzelne Teilmengen zerlegen lassen und dass man diese wieder zusammensetzen kann. Sie können nun also Vergleiche zwischen Mengen und Teilmengen anstellen.

Beispiel

Eine ganze Tafel Schokolade ist mehr als jedes ihrer Teile.

Integration der Kompetenzen

Auf der **Ebene III** werden nun die auf Ebene II erworbenen Kompetenzen miteinander verknüpft. Die Integration des präzisen Anzahlkonzepts in das Verständnis für unbestimmte Mengen führt dazu, dass zusammengesetzte und zerlegte Mengen auch mit Zahlen und somit durch eine diskrete Anzahl darstellbar sind (Anzahlen zusammensetzen und zerlegen).

Beispiel

Sieben Kastanien lassen sich in drei und vier Kastanien aufteilen.

Außerdem können die Kinder den Unterschied zweier Mengen, welcher wiederum durch eine dritte Menge dargestellt wird, mit einer genauen Zahl bestimmen (Anzahldifferenzen bestimmen).

Beispiel

Sieben Kastanien sind drei mehr als vier Kastanien.

Während die Kompetenzen der ersten beiden Ebenen als mathematische Vorläuferkompetenzen anzusehen sind, spiegelt sich beim Übergang zur dritten Ebene bereits ein erstes arithmetisches Verständnis wider (Sinner 2011).

Das Modell verdeutlicht, wie viele unterschiedliche Kompetenzen zur Entwicklung des Zahlbegriffs notwendig sind und in welcher Beziehung sie zueinander stehen. Im Folgenden wird auf die einzelnen Kompetenzen näher eingegangen.

Mengen, Zahlen, Operationen

Mengen

Mengen erkennen und sortieren

Das Sortieren und Klassifizieren beinhaltet die Erfahrung, dass sich Objekte oder Lebewesen in spezifischen (z.B. physikalischen) Eigenschaften ähneln oder unterscheiden und sich nach diesen ordnen (sortieren) lassen. Dies ist für den mathematischen Entwicklungsprozess von großer Bedeutung, denn für die Ausbildung eines unpräzisen Mengenbegriffs (im dargestellten Modell auf der Ebene I) muss das Kind in der Lage sein, spezifische Eigenschaften von Objekten, z.B. Farbe, Form, Muster, Anzahl, Oberfläche oder Größe, als gleich oder unterschiedlich zu erkennen.

Beispiel

Es werden aus einer Menge alle Elemente gefunden, die rot sind.

Bausteine werden nach ihrer Form sortiert.

Mengen klassifizieren

Ebenso muss die Fähigkeit vorhanden sein, Objekte auf der Grundlage des Erkennens gleicher Eigenschaften nach einer oder mehreren Eigenschaften zusammenzufassen (= zu kategorisieren). Die Zuordnung von Objekten unter Berücksichtigung einer Eigenschaft gelingt Kindern bereits relativ früh, etwas später gelingt dies auch unter Berücksichtigung mehrerer Eigenschaften.

Beispiel

I Welche der folgenden Objekte sind rund (Kategorie)? Ball, Sonne, Aprikose, Pfirsich, Buch, Apfel...

II Vor dem Kind liegen Holzklötzchen verschiedener Formen und Farben. Die Anforderung lautet: Finde alle roten eckigen Klötzchen.

Kinder sind beim Übergang in die Schule in der Lage, Elemente einer Menge zu sortieren und nach ein oder zwei Eigenschaften in Kategorien zusammenzufassen.

Abb. 1: Unsortierte Menge

Abb. 2: Nach Farben sortierte Menge

Abb. 3: Nach Formen sortierte Menge

Eine komplexere Variante ist die Klassifizierung nach Kategorien und Unterkategorien. Die Kinder müssen dabei wissen, dass zwei Elemente gleichzeitig verschiedenen und derselben Kategorie angehören können.

Beispiel

Ein Apfel hat Kerne und ist damit ein Kernobst. Eine Banane ist kernlos und daher kein Kernobst. Trotz dieses Unterschieds gehören Apfel und Banane zur Oberkategorie Obst.

Wovon gibt es mehr – Stofffiguren oder Stofftiere?

Abb. 4: Stofffiguren und Stofftiere – Klassifizierung- Stofftiere als Unterkategorie)

Die Klassifizierung nach Kategorien und Unterkategorien gelingt einigen Kindern bereits im Vorschulalter.

Mengen bestimmen

Unter der Bestimmung einer Menge versteht man die exakte Nennung der Anzahl. Bereits einjährige Kinder können Mengen mit zwei oder drei Elementen voneinander unterscheiden. Mit zwei Jahren bezeichnen Kinder Mengen mit Begriffen wie *viel* oder *wenig*, ab etwa vier Jahren kommen Zahlbegriffe bei sehr kleinen Mengen, ab fünf Jahren bei Mengen bis zehn hinzu.

Beim Übergang in die Schule wissen Kinder, dass sie beim Zählen einer Menge mit der Eins beginnen müssen. Sie zählen jedes Objekt nur einmal und wissen, dass die letztgenannte Zahl die Anzahl der Menge ausdrückt (Entwicklungsmodell von Krajewski/Schneider 2006).

Mengen vergleichen

Der Mengenvergleich umfasst die Fähigkeit zu erkennen, welche der vorgegeben Mengen größer bzw. kleiner als die andere(n) ist. Mit dem Vergleichen von Objekten beginnen Kinder bereits im Alter von etwa zwei Jahren, sie nutzen dabei Begriffe wie *mehr/weniger* oder *größer/kleiner*.

Beim Übergang in die Schule können Kinder zwei einstellige Zahlen korrekt miteinander vergleichen.

Beispiel

Wenn der Marienkäfer, den du gefunden hast, sechs Punkte hat und meiner vier, welcher hat dann mehr Punkte?

Mengen zerlegen

Das Verständnis dafür, dass Mengen in andere (Teil-)Mengen zerlegbar sind bzw. dass Mengen aus anderen Mengen zusammensetzbar sind („Teile-Ganzes-Verständnis"), wird unter dem Begriff Mengenzerlegung zusammengefasst.

Zunächst ist dieses Verständnis nicht-numerisch, d. h. das Teilen und damit Zerlegen ist nicht an Zahlen gebunden, sondern an die *Handlung* des Teilens.

Beispiel

Eine Schokolade lässt sich (in x Teile) teilen. Wenn man sie wieder zusammenfügt, ist es wieder eine *ganze* Schokolade.

Abb. 5: Schokolade als ganze Menge

Abb. 6: Schokolade in Teilmengen

Später sind die geteilten und die ganzen Mengen auch mit Zahlen darstellbar (Anzahlzerlegung).

Beispiel

Drei Elemente lassen sich in zwei und eins aufteilen. *Oder:* Die Drei enthält die Zwei und die Eins. (Zwei ist also ein Teil von drei.)

Beim Übergang in die Schule haben die Kinder ein nicht-numerisches Teile-Ganzes-Verständnis erworben. Manche Kinder beherrschen im Zahlenraum bis zehn bereits die Anzahlzerlegung.

Mengeninvarianz

Unter Invarianz einer Menge versteht man, dass die Anzahl ihrer Elemente unverändert bleibt, auch wenn sich die Form oder die räumliche Anordnung ändert. Ebenso wird darunter verstanden, dass Mengen sich nur durch Hinzufügen von gleichartigen Elementen oder durch Wegnehmen ändern (Resnick 1989).

Beispiel

Änderung der *Anordnung*: Fünf eckige Klötzchen liegen im gleichen Abstand parallel in einer Reihe zu fünf runden Klötzchen. Jüngere und ältere Kinder erkennen, dass in beiden Reihen gleich viele Klötzchen liegen. Wird der Abstand der Klötzchen in der Reihe der runden vergrößert und die Reihe somit länger, geben jüngere Kinder an, dass dort mehr runde als eckige Klötzchen sind. Ältere Kinder haben erkannt, dass sich zwar der Abstand zwischen den Klötzchen, nicht aber deren Anzahl geändert hat.

Änderung der *Form*: Zwei gleichgroße Kugeln aus Knete liegen nebeneinander. Jüngere und ältere Kinder erkennen, dass beide Kugeln aus derselben Menge Knete bestehen. Wird nun eine der Kugel mit der flachen Hand zusammengedrückt, geben jüngere Kinder wiederum an, dass die Kugel mehr Knete enthält als die Scheibe aus Knete. Ältere Kinder haben erkannt, dass trotz der Formänderung die Menge der Knete konstant geblieben ist.

Abb. 7: Mengeninvarianz – Zuordnung

Abb. 8: Mengeninvarianz – Zuordnung mit verändertem Abstand

Nach aktuellem Forschungsstand entwickelt sich das Konzept der Mengeninvarianz nach dem Zählen (Peter-Koop/Grüßing 2007; Clements 1984).

Mengen (quasi-) simultan erfassen

Mit der Simultanerfassung von Mengen (Subitizing) ist die Fähigkeit gemeint, die Anzahl von Elementen (einer Menge) „auf einen Blick" zu erkennen, ohne sie zu zählen.

Selbst bei Erwachsenen ist die Menge, die auf diese Art erfasst werden kann, auf vier bis fünf Elemente begrenzt, bei Kindern im Schuleintrittsalter beträgt sie drei bis vier. Sobald die Elemente jedoch zu Strukturen zusammengefasst werden, können auch größere Mengen erfasst werden.

Beispiel

Eine *unstrukturierte* Menge ist bspw. eine vollkommen willkürlich angeordnete Menge von fünf Holzplättchen. *Strukturiert* ist diese Menge, wenn sie einem Würfelbild gleicht oder in einem Zweier- und einem Dreierhäufchen dargeboten wird.

Abb. 9: Unstrukturierte Menge

Abb. 10: Strukturierte Menge

Das Erfassen strukturierter Mengen wird als Quasi-Simultanerfassung bezeichnet. Indem Mengen simultan bzw. quasi-simultan erfasst werden, also nicht mehr (viel zeitaufwändiger) gezählt werden müssen, lassen sich Rechenwege enorm effektiver gestalten.

Beispiel

Viele Anschauungsmittel sind als strukturierte Zahldarstellungen konzipiert (z.B. der Abakus mit 10er und/oder 5er Gliederung). Sie sollen helfen, Rechenvorteile zu erkennen und zu nutzen.

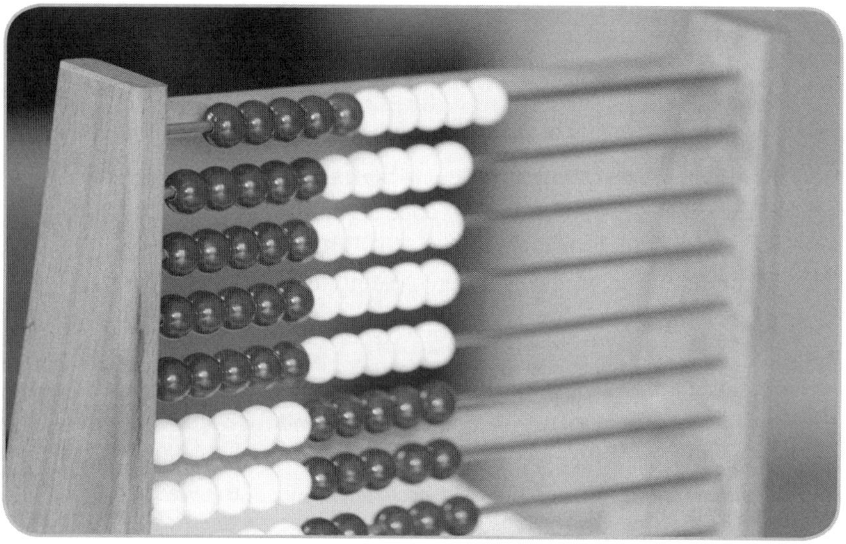

Abb. 11: Abakus als strukturierte Zahldarstellung

Beim Übergang in die Schule sind die Kinder in der Lage, Mengen von vier Elementen simultan zu erfassen.
Bei der Quasi-Simultanerfassung von unstrukturierten Mengen müssen Mengen selbst in simultan erfassbare Mengen strukturiert und die Strukturergebnisse zusammengefasst werden. Damit setzt die Quasi-Simultanerfassung die Fähigkeit zur Zerlegung von Mengen voraus. Eine aktive Auseinandersetzung mit strukturierten Mengen (z.B. Würfelbildern) ist bereits im Vorschulalter für Kinder wichtig.

Muster und Seriation

Muster und Strukturen

Mathematik wird auch als „Wissenschaft der Muster“ (Wittmann 2003) bezeichnet, da alle ihre Bereiche und Inhalte auf der Erfassung von Mustern und Strukturen basieren.

Definition

Muster sind für den Menschen erkennbare Regelmäßigkeiten oder Wiederholungen, **Struktur** bezeichnet die Art und Weise der Gliederung eines Musters, also dessen innewohnende Ordnung (Lüken 2012).

Auch Beziehungen zwischen Zahlen sind Muster: Der Aufbau des dezimalen Stellenwertsystems folgt einem klaren Muster, dessen Kenntnis basal ist zum Verständnis von Mathematik. Die Fähigkeit, Muster und Strukturen zu erkennen, ist von zentraler Bedeutung für den späteren Lernprozess und zieht sich durch alle Inhaltsbereiche.

Eine aktive Auseinandersetzung mit Mustern und Strukturen ist für Kinder bis zum Schuleintritt wichtig, denn ein Verständnis von Mustern und Strukturen ist zentrale Voraussetzung für das mathematische Verständnis in der Schule.

Seriation

Unter Seriation versteht man zunächst eine Reihung. Insofern ist auch sie als ein Muster zu verstehen, in diesem Sinne jedoch verbunden mit einer Rang- oder Reihenfolge in auf- oder absteigender Größe.

Beispiel

Legosteine werden nach ihrer Länge geordnet.

Puppen werden nach ihrer Größe geordnet. Die Gruppe kann sich der Größe, dem Alter oder dem Geburtsmonat nach ordnen.

Abb. 12: Nach Länge geordnete Legosteine

Kinder erkennen hier, dass das erste Element kleiner ist als das zweite, das zweite kleiner als das dritte etc. Dadurch wird die Zahl in ihrer ordinalen Funktion verstanden: Zahlen markieren jeweils einen bestimmten Ordnungsrang, z. B. bedeutet die Zahl Drei die dritte Stelle der Reihe (Krajewski 2003). Das Bilden von Reihenfolgen beginnt bereits sehr früh. Bei der Verknüpfung der Zahlwortreihe mit der Seriation von Mengen ist das Bewusstsein für geordnete Reihenfolgen eine zentrale Voraussetzung.

Kinder sind beim Übergang in die Schule in der Lage, eine Menge von ca. zehn Elementen nach einem vorgegebenen Kriterium (z. B. Länge, Größe) in eine korrekte Reihenfolge zu ordnen.

Zahlen und Zählen

Funktionen von Zahlen

Zahlen haben, das wurde bereits erläutert, verschiedene Aspekte:

Anzahl (Kardinalzahl): Im Glas sind sieben Muscheln. – *Wie viele?*
Ordnungszahl (Ordinalzahl): Ich bin Dritter. – *Der wievielte?*
Maßzahl: Ich wiege 15 kg. – *Wie lang, wie schwer, wie teuer?*
Operatorzahl: Ich habe dreimal geniest. – *Wie oft?*
Kodierzahl: Eine Postleitzahl von Rostock ist 18055.

Im Vorschulalter müssen der kardinale und der ordinale Zahlaspekte miteinander verbunden (integriert) werden. Eine wesentliche Rolle dafür spielt das Zählen. Unter Zählen wird die Fähigkeit verstanden, die Anzahl einer bestimmten Menge an Gegenständen (zählend) korrekt zu bestimmen.

Entwicklungsstufen des Zählens

Wie sich das Zählen bei Kindern entwickelt und wie sich das „reine" Zählen (ordinaler Aspekt) allmählich mit dem Verständnis für Mengen (kardinaler Aspekt) verbindet, zeigen die Entwicklungsstufen des Zählens in Anlehnung an Fuson (1988).

I. Phase Der Erwerb von Zahlwörtern beginnt bereits mit dem zweiten Lebensjahr. Die einzelnen Zahlwörter werden dann häufig noch nicht getrennt, sondern wie ein einziges Wort aufgesagt.

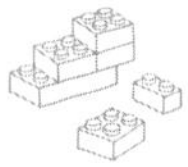

Beispiel

„einszweidreivier ..."

Dabei werden die Zahlen noch nicht mit Mengen assoziiert.

II. Phase In dieser Phase nehmen die Kinder die Zahlwörter zwar als separate Wörter wahr, sagen sie aber noch immer als Ganzes, gleich einem Gedicht, auf.

Beispiel

„eins-zwei-drei-vier-…“

Eine Zuordnung von Zahlwort zu Objekt gelingt jetzt, so dass Mengen ausgezählt werden können. Zahlwörter werden nun zum Zählen eingesetzt, das Zählen wird mit der Eins begonnen. Die Kinder zeigen immer genau auf ein Objekt und weisen diesem ein Zahlwort zu (Eins-zu-Eins-Zuordnung). Anfangs werden allerdings noch Objekte vergessen oder mehrfach gezählt.

Beispiel

„eins-zwei-zwei-drei-vier-sechs-sieben…“

Ebenso ist zu beobachten, dass die Objekte während des Zählens geordnet werden (durch Wegschieben, Umlegen), um sie besser zählen zu können. Die Beherrschung der Zahlwortreihe wird nun sicherer, im Alter von vier Jahren beherrschen fast alle Kinder die Zahlen bis 10.

Das sichere Aufsagen der Zahlwortreihe stellt eine wichtige Grundlage für den Zählprozess dar.

Die Kinder verfügen noch nicht über ein vollständiges kardinales Zahlenverständnis.

III. Phase In der sich anschließenden Phase festigt sich der Zählprozess. Es werden nur noch selten Objekte vergessen oder Zahlwörter doppelt genutzt. Die Kinder wissen sicher, dass sie beim Zählen mit der Eins beginnen müssen und tun dies auch. Sie zählen jedes Objekt nur einmal und wissen, dass die letztgenannte Zahl die Anzahl der Objekte angibt. Zahlwörter werden nun in ihrer kardinalen Bedeutung eingesetzt. Viele Kinder sind bereits in der Lage, die Zahlenreihe „aufzubrechen“, d.h. irgendwo in der Zahlenfolge einzusteigen und von dort aus weiterzuzählen. Damit können sie auch den Vorgänger und Nachfolger einer Zahl bestimmen. Diese dritte Phase markiert den Zeitpunkt des Schuleintrittes.

IV. Phase In dieser Stufe bildet sich das kardinale Zahlenverständnis vollständig aus. Es wird verstanden, dass Zahlen aus anderen Zahlen zusammengesetzt und in Teilmengen zu zerlegen sind. Damit wird eine Quasi-Simultanerfassung von Mengen möglich: Größere Mengen werden strukturiert (z.B. in

„Fünferhäufchen“) bzw. bereits vorhandene Strukturen werden ausgenutzt (z. B. Doppelpackungen).
Die Kinder können zudem von einer beliebigen Zahl an vorwärts oder rückwärts zählen.

Beim Übergang in die Schule wissen Kinder, dass sie beim Zählen mit der Eins beginnen müssen. Sie zählen jedes Objekt nur einmal, lassen keines aus und wissen, dass die letztgenannte Zahl die Anzahl der Objekte angibt. Damit haben sie die Zahl in ihrer Funktion als Kardinalzahl verstanden. Sie können etwa zehn Gegenstände korrekt abzählen und sie haben verstanden, dass mit Zahlen eine Rangfolge ausgedrückt werden kann (Ordinalaspekt).

Operationen

Definition

Mit dem Begriff **Operationen** werden im weiteren Sinne die Beziehungen zwischen Zahlen umschrieben (relationaler Zahlaspekt). Im engeren Sinne sind (einfache) Rechenoperationen wie Addition und Subtraktion gemeint.

zählendes Rechnen

Erste Rechenoperationen (meist Addition / Subtraktion) werden häufig unter Verwendung der Strategie „alles zählen“ durchgeführt.

Beispiel

Drei Pferdchen stehen auf dem Spielzeugteppich, zwei kommen hinzu, wie viele Pferdchen sind es nun? Antwort: Es sind [es werden alle Elemente gezählt eins-zwei-drei-vier-fünf] fünf Pferde.

Abb. 13: Erste Rechenoperationen – Addition

Sind die Kinder bereits in der Lage, die Zahlwortreihe aufzubrechen, also von einer beliebigen Zahl vorwärts oder rückwärts zu zählen, wird nicht mehr alles gezählt, sondern weiter- oder rückwärtszählend gerechnet.

Beispiel

Zwei Autos stehen auf dem Spielzeugteppich, drei kommen hinzu, wie viele Autos sind es nun? Antwort: Es sind [dabei wird vom letzten Element weitergezählt drei-vier-fünf] fünf Autos.

Fünf Autos stehen auf dem Spielzeugteppich, drei werden weggenommen, wie viele Autos sind es nun? Antwort: Es sind [dabei wird zurückgezählt vier-drei-zwei] zwei Autos.

Diese Berechnungen werden entweder am konkreten Material (Spielzeugautos etc.) handelnd durchgeführt oder Finger o. ä. werden als Hilfsmittel genutzt. Solche „Berechnungen" (mit kleinen Mengen) sind bereits bei vierjährigen Kindern zu beobachten. Auch wenn die Kinder die Operationen korrekt ausführen, handelt es sich nicht um „echtes Rechnen", sondern um „zählendes Rechnen". Da aber gerechnet wird, um gerade nicht jede Menge zählen zu müssen, sind für das „echte Rechnen" noch einige weitere Kompetenzen notwendig.

arithmetisches Verständnis

Zum „echten Rechnen" benötigen die Kinder den ordinalen Zahlbegriff, den kardinalen Zahlbegriff, das numerische Teile-Ganzes-Verständnis und den relationalen Zahlbegriff. Letzterer umfasst Beziehungen *zwischen Zahlen*.

Beispiel

Sechs Bausteine lassen sich in drei und drei Bausteine aufteilen.

Sechs Bausteine lassen sich in zwei und vier Bausteine aufteilen.

Abb. 14: Anzahlzerlegung – Sechs Bausteine, aufgeteilt in zwei und vier

Sie müssen die Anzahlzerlegung beherrschen und in der Lage sein, Anzahl-Differenzen zu bestimmen.

Beispiel

Sechs Bausteine sind drei mehr als drei Bausteine.

Sechs Bausteine sind zwei mehr als vier Bausteine.

Das Verständnis über Relationen (Beziehungen) dieser Art markiert den Startpunkt zum echten arithmetischen Verständnis. Kinder können nunmehr einfache Rechenoperationen nicht nur (zählend) durchführen, sondern sie beginnen, die zugrunde liegende mathematische Bedeutung zu verstehen.

Beim Übergang in die Schule sind einige Kinder bereits in der Lage, Anzahldifferenzen im unteren Zahlenbereich zu bestimmen.

Das Lösen von einfachen Rechenaufgaben geschieht bis zum Schuleintritt fast ausschließlich in konkreten Situationen, mit beschreibenden Begriffen (dazunehmen, wegnehmen etc.) und meist noch mithilfe des Abzählens.

Beispiel

Auf dem Spielteppich parken drei Autos. Wenn ich noch drei dazu stelle, wie viele stehen dann insgesamt dort? Und wenn ich jetzt wieder drei wegnehme, wie viele bleiben dann übrig?

Formen und Raum

Während über die Inhaltsbereiche *Mengen, Zahlen, Operationen* reichhaltiges Wissen vorhanden ist, ist die Erkenntnislage über die Entwicklung der Bereiche Formen und Raum recht lückenhaft (Deutscher/Selter 2013), bisweilen sogar widersprüchlich.

Während Lorenz (2006) den visuellen und räumlichen Vorläuferfähigkeiten eine entscheidende Rolle zuspricht, konnte die räumliche Vorstellung in den Untersuchungen von Krajewski (2003) nicht durchgängig als wesentliche Vorläuferfertigkeit bestätigt werden.

Vor dem Hintergrund der Ausführungen zu den Basiskompetenzen dürfte allerdings kein Zweifel daran bestehen, dass das Erkennen der Lage im Raum eine wichtige Bedeutung hat. Für die Bildung von Rangfolgen (Seriation) ist es z. B. wichtig, die Lage des größeren/kleineren Objektes im Raum zu erkennen.

Entwicklung des geometrischen Denkens

Auch das geometrische Denken vollzieht sich in Phasen (van Hiele 1984). Von Beginn an sind in der kindlichen Umgebung Formen wie Kreise, Vierecke etc. präsent. Kinder beschäftigen sich mit diesen Objekten und „untersuchen“ sie genau.

Beispiel

Säuglinge und Kleinkinder nehmen fast alles, was ihre Aufmerksamkeit erregt (z. B. Bausteine), in den Mund. Sie nutzen Lippen und Zunge, aber auch die Hände und Augen, Nase und Ohren, eben alle Sinne, um sich ein „Bild“ von einem Objekt zu machen, es zu „begreifen“.

erste Phase

Sie erfassen geometrische Objekte als Ganzes, ohne ihre konkreten Eigenschaften näher zu beachten. Das Denken ist materialgebunden und dient dem Aufbau von inneren Bildern. Mit wachsendem Wortschatz werden die Objekte mit Begriffen belegt und entsprechend wiedergegeben. Diese Phase, in der der Umgang mit konkretem Material von zentraler Bedeutung ist, wird als *Phase des räumlich-anschauungsgebundenen Denkens* bezeichnet. Die Orientierung der Kinder im Raum sowie ihre räumliche Beziehung zu anderen Personen oder Gegenständen sollte bewusst sprachlich begleitet werden.

Beispiel

Wo im Raum befinde ich mich? Wer oder was ist vor/hinter/neben mir? Was verändert sich, wenn ich mich umdrehe oder mich woanders hinstelle?

Alle Personen und Gegenstände im Gruppenraum stehen in räumlicher Beziehung zueinander.

Beispiel

Die Tasse kann auf/neben/unter dem Tisch stehen. Michel kann auf der Rutsche sitzen, während Ali genau darunter steht.

Mithilfe von Raumlagebeschreibungen kann Kindern erklärt werden, wo andere Personen oder Gegenstände zu finden sind. Dies ist sowohl im dreidimensionalen Raum als auch auf zweidimensionalen Bildern möglich.

Beispiel

Mama ist auf dem Bild neben mir.

Sebastian liegt im Doppelstockbett oben.

zweite Phase

In einer zweiten Phase *(analysierendes/abstrahierendes Denken)* werden die Eigenschaften der geometrischen Objekte durch Handlungserfahrungen und genaues „Betrachten“ wahrgenommen. Die Kinder identifizieren nun auch die Eigenschaften verwandter geometrischer Objekte und setzen sie in Beziehung.

Abb. 15: Räumliche Beziehungen – Kind *neben* Mutter

Beispiel

Mein (gemaltes) Osterei ist fast ein Kreis.

dritte Phase

Eigenschaften verschiedener Objekte werden in einer dritten Phase *(geometrisch-abstrahierendes Denken)* in Beziehung gesetzt (z. B. jedes Quadrat ist ein Rechteck). Diese Phase wird von den meisten Kindern erst im Schulalter erreicht.

Kinder sind beim Schuleintritt in der Lage, die Grundformen (eckig, rund) zu erkennen, einfache Formen wie Kreis, Dreieck und Viereck zu identifizieren und zu benennen sowie diese zu visualisieren (malen, legen). Ebenso sind sie in der Lage, räumliche Lagebeziehungen zu erkennen und sprachlich auszudrücken.

Größen und Messen

Unter Größen werden hier Messgrößen wie Länge, Gewicht, Fläche, Volumen, Zeit und Geld verstanden. Auch über den Inhaltsbereich Größen und Messen existiert relativ wenig empirisch gesichertes Wissen. Demnach gehören Kompetenzen in diesem Bereich nach jetzigem Wissensstand nicht zur Gruppe der direkten mathematischen Vorläuferfähigkeiten. Dafür, dass eine Beschäftigung mit diesem Bereich jedoch bereits im Vorschulalter wichtig ist, spricht die Tatsache, dass die Entwicklung im Bereich Größen und Messen abhängig ist von der Reichhaltigkeit der Handlungserfahrungen, mit deren Hilfe sich möglichst vielfältige Größenvorstellungen anbahnen. Daher sollten Größen im Alltag der Kindertageseinrichtung thematisiert werden und sich auch ggf. in der räumlichen Gestaltung wiederfinden (Peter-Koop 2001).

erste Erfahrungen

Die Kinder machen bereits im Alter von zweieinhalb bis drei Jahren erste Erfahrungen im Bereich Größen und Messen, indem sie z. B. Höhen oder Längen miteinander vergleichen.

Beispiel

Peter ist kleiner als Lutz. Lutz ist am größten.

Ebenso nehmen sie in ihrer Umwelt Zuordnungen der prototypischen Einheiten wahr, z. B. Meter als Längenmaß und Kilogramm als Gewichtseinheit.

Bereits im Alter von fünf Jahren können Kinder verschiedene Größenbereiche kennenlernen (Länge, Gewicht etc.) und an einfache Messvorgänge herangeführt werden. Sie erfahren dabei die Begriffe, die den einzelnen Größen zugeordnet sind (cm, kg).

Beispiel

Wie viel wiegt mein Kuscheltier?

Das Messen der Körpergröße: Jetzt bist du wieder 4 cm gewachsen.

Abb. 16: Messen – Gewicht

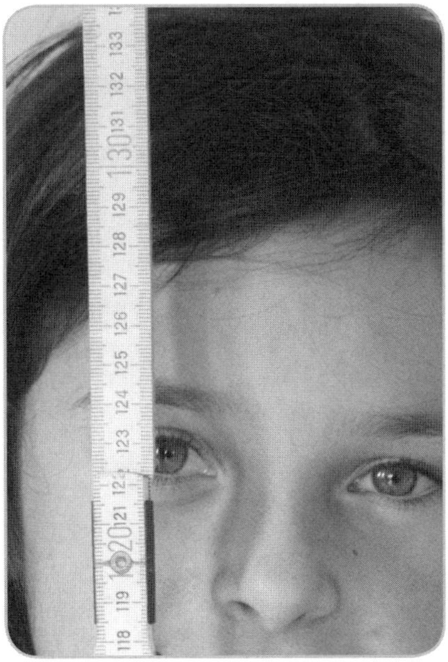

Abb. 17: Messen – Größe

Beim Messen kann sowohl mit Messinstrumenten wie Waage und Lineal als auch mit Vereinfachungen wie Hand- und Fußlängen operiert werden.

Mathematische Basiskompetenzen zum Schulanfang

Vorschulkinder verfügen am Ende ihrer Zeit in der Kindertageseinrichtung über die folgenden Kompetenzen (Oechsle 2011):

- Über 75 Prozent können bis zu fünf Objekte simultan wahrnehmen, bis 20 zählen und in diesem Zahlenraum den Nachfolger einer bestimmten Zahl nennen; von der Zahl Fünf aus rückwärts zählen; alle zehn Ziffern (0–9) lesen; selbst abgezählte Anzahlen mit Material darstellen; angeben, dass vier größer als drei ist.
- Etwa 60 Prozent können den Vorgänger einer Zahl nennen; von einer bestimmten Zahl bis 15 weiterzählen; Mengenvergleiche von imaginären Mengen im Zahlenraum bis 15 durchführen; Objekte der Größe nach ordnen sowie Eins-zu-Eins-Zuordnungen vornehmen, auch wenn Zählen nicht möglich ist; im Zahlenraum bis 20 eine Seriation herstellen.
- Etwa 50 Prozent können in Zweierschritten bis 14 zählen; 20 Objekte in geordneter und ungeordneter Anordnung abzählen; die Augensumme von zwei Würfeln zusammenzählen und Additionsaufgaben im Zahlenraum bis 10 bewältigen.

Unterschiede zwischen Kindern

Kinder entwickeln sich unterschiedlich schnell, sodass größere Differenzen untereinander auftreten können *(interindividuelle Varianz).* Gleichzeitig kann sich ein Kind aber auch in verschiedenen Bereichen unterschiedlich schnell entwickeln (*intraindividuelle Varianz*). In Entwicklungsmodellen wird ein prinzipiell immer gleicher Entwicklungsablauf suggeriert, dennoch werden z. B. die höheren Entwicklungsphasen mit kleineren Zahlen früher erreicht als mit größeren. Ein Kind kann sich demnach im unteren sowie im höheren Bereich der Zahlwortreihe gleichzeitig in verschiedenen Entwicklungsphasen befinden. Außerdem werden Zahlen je nach Entwicklungsstand des Anzahlkonzepts zunächst der groben Mengenkategorie *viel*, später der Mengenkategorie *wenig* zugeordnet.

Beispiel

Die 20 wird anfangs als *viel*, nach der Erweiterung des Anzahlkonzepts auf größere Zahlenräume als *wenig* kategorisiert.

Weiterhin kann die Beherrschung verschiedener Kompetenzen von der jeweiligen dargebotenen Repräsentationsform abhängen. So kommt es vor, dass Kinder in der Lage sind, Aufgaben zu lösen, wenn diese an konkreten

Darstellungsmitteln veranschaulicht werden, an den gleichen Aufgaben aber scheitern, wenn diese bildlich oder symbolisch gestellt werden.

Beispiel

Ich habe fünf Bücher. Drei davon gebe ich dir. Wie viele habe ich dann noch?

Kinder, die noch sehr auf Darstellungsmittel angewiesen sind, können die Aufgabe lösen, wenn man ihnen die Bücher gibt und selbst drei behält. Wird diese Aufgabe nur verbal gestellt, kommt es aber vielleicht zu keinem oder einem falschen Ergebnis.

Dies alles macht die Verortung eines Kindes auf einer der dargestellten Kompetenzebenen ausgesprochen schwierig und weist auf die Unabdingbarkeit einer äußerst genauen Beobachtung der einzelnen Entwicklungsbereiche, in diesem Falle der einzelnen Kompetenzen, hin (Kap. 1.3).

1.2 Auffälligkeiten in der Entwicklung mathematischer Basiskompetenzen

Natürlich können Auffälligkeiten erst in dem Moment erkannt werden, in dem die entsprechende Anforderung gestellt wird. Mit anderen Worten: Dass jemand nicht rechnen kann, fällt erst auf, wenn er rechnen soll. Da im Vorschulbereich diese Anforderung in der Regel nicht besteht, kann in diesem Alter nicht von einer Rechenschwäche gesprochen werden, eine solche macht sich erst in der Grundschulzeit bemerkbar. Die zugrunde liegenden Probleme bestehen allerdings in der Regel schon im Vorschulalter. Es wird vermutet, dass „rechenschwache" Kinder die für das Rechnen erforderlichen Vorläuferfertigkeiten nicht aufbauen konnten (Gaidoschik 2007).

Zahlreiche Untersuchungen belegen, dass mathematische Vorläuferfertigkeiten eine hohe prognostische Aussagekraft für die späteren Mathematikleistungen besitzen (Krajewski 2003; Weißhaupt et al. 2006). Kinder mit schwachen Rechenleistungen in der Grundschule weisen bereits vor dem Schuleintritt noch nicht sicher erworbene spezifische Basiskompetenzen auf, was die Aneignung effizienter Rechenstrategien und das Erlernen, Abrufen und Anwenden von rechenbezogenem Wissen erschwert.

Die Ursachen hierfür können sehr unterschiedlich sein und liegen entweder in der kindlichen Lernumwelt oder aber im Kind selbst.

fehlende Vorerfahrungen

Nicht alle Kinder haben die gleichen Möglichkeiten, lernwirksame Vorerfahrungen zu machen. Gerade Kinder aus Familien mit vergleichsweise geringem Anregungspotenzial können sich während der Vorschulzeit weniger mathematische Basiskompetenzen aneignen.

Der Untersuchung von Krajewski/Scheider (2006) zufolge lassen sich 18 Prozent der Varianz des mathematischen Schulerfolgs von Kindern in der vierten Klasse durch ihre soziale Herkunft erklären.

Gerade bei diesen Kindern haben Kindertageseinrichtungen die Aufgabe, fehlende Lernerfahrungen zu kompensieren.

Dyskalkulie, Rechenschwäche

Die Begriffe Dyskalkulie und Rechenschwäche/-störung werden häufig synonym verwendet, wenngleich sie durchaus unterschiedliche Akzente aufweisen.

Definition

Nach Krajewski (2003) wird unter der **Rechenschwäche** das Auftreten mathematischer Leistungen verstanden, die zu den schlechtesten 5 bis 25 Prozent Gleichaltriger zählen.

Dyskalkulie ist nach ICD-10 (2014) als eine Beeinträchtigung von Rechenfertigkeiten definiert, die nicht allein durch eine allgemeine Intelligenzminderung oder eine unangemessene Beschulung erklärbar ist. Das Defizit betrifft vor allem die Beherrschung grundlegender Rechenfertigkeiten wie Addition, Subtraktion, Multiplikation und Division. Das ausschlaggebende Kriterium bildet hier die Diskrepanz der mathematischen Leistungen zur Intelligenz.

Auffällige Kinder werden demnach zwar als rechenschwach, nicht aber als dyskalkulisch bezeichnet.

Als Frühindikatoren für spätere Auffälligkeiten werden insbesondere Defizite im Bereich *Mengen Zahlen*, *Operationen* genannt.

Krajewski (2003) konnte zeigen, dass 60 Prozent der Kinder, die am Ende der ersten Klasse als „rechenschwach" galten, schon vor Schulbeginn in mehr als einem der Bereiche Seriation, Mengenvergleich, Zahlwissen, Zählfertigkeiten und Rechenfertigkeiten zu den unteren 15 Prozent gehörten.

Oftmals ist bei rechenschwachen Kindern auch das Arbeitsgedächtnis beeinträchtigt, das für die Verarbeitung komplexer Informationen benötigt wird, z. B. beim Lösen von Text- oder Kopfrechenaufgaben.

Beispiel

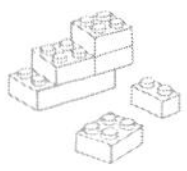

Bei der folgenden Textaufgabe ist es nötig, alle genannten Zahlen und deren Beziehung zugleich „im Kopf zu behalten", um diese zu lösen: „In einer Dose befinden sich Äpfel. Jens nimmt vier heraus. Jetzt sind noch fünf Äpfel in der Dose. Wie viele Äpfel waren am Anfang in der Dose?"

Die genannten Schwierigkeiten führen im Verlauf der Grundschulzeit zu immer größer werdenden Leistungsdefiziten im mathematischen Bereich (u. a. Krajewski / Schneider 2006; Moser-Opitz 2007). Um den Entwicklungsaspekt hervorzuheben, plädieren beispielsweise Fritz et al. (2003) für einen Verzicht auf den Dyskalkuliebegriff und einen terminologischen Wandel hin zu *Schwächen* oder noch besser zu *Schwierigkeiten im Rechnenlernen.*

Akalkulie

Der Begriff *Akalkulie* bezieht sich in Abgrenzung davon auf eine mangelnde Rechenleistung, die nach einer Hirnschädigung eingetreten ist und vorher nicht vorhanden war. Es handelt sich also um eine erworbene Rechenschwäche bei vormals unauffälligen mathematischen Leistungen.

Prävention

Gerade die Vorhersagekraft mathematischer Basiskompetenzen weist auf die extreme Bedeutung lernwirksamer Vorerfahrungen im Vorschulalter hin.

Das Ausmaß, in dem lernwirksame Vorerfahrungen in Elternhaus und vorschulischer Bildungseinrichtung gemacht werden können, bestimmt maßgeblich die frühen mathematischen Kompetenzen der Kinder zu Schulbeginn (z. B. Jordan et al. 2006; Sarama / Clements 2009).

Das Potenzial einer guten Förderung der Basiskompetenzen in Kindertageseinrichtungen liegt darin, dass Kinder die schulischen Anforderungen („Rechnenlernen") erfolgreich bewältigen können und somit Rechenschwächen vorgebeugt wird.

1.3 Mathematische Basiskompetenzen beobachten und dokumentieren

Alltägliche und systematische Beobachtungen und Dokumentationen der mathematischen Basiskompetenzen sind eine Voraussetzung adäquater individueller Förderung und der Reflexion der eigenen Arbeit. Das führt dazu, dass Materialien besser hinsichtlich ihres Potenzials für lernwirksame Vorerfahrungen im mathematischen Bereich beurteilt und hinsichtlich ihrer konkreten Zielsetzung ausgewählt werden können. Regelmäßige Dokumentationen der Beobachtungen unterstützen den Austausch über den Erwerb mathematischer Vorläuferfertigkeiten und die kindlichen Interessen mit Eltern sowie Kolleginnen und Kollegen.

Beobachtung im Alltag

Beobachtungen sind etwas ganz Alltägliches. Die Fachkräfte beobachten die Kinder genaugenommen in jeder Minute ihrer Arbeitszeit. Sie nehmen bewusst oder unbewusst wahr, wie weit die Kinder bereits zählen können, welche räumlichen Angaben sie machen oder ob sie mathematische Sachverhalte sprachlich ausdrücken können.

Es ist wichtig, diese Alltagsbeobachtungen regelmäßig zu dokumentieren. Dazu sollten fortlaufend im Alltag Notizen gemacht werden, die dann in einer ruhigen Minute z. B. in einen Beobachtungsbogen oder ein Portfolio übertragen werden können.

Wahrnehmung vs. Bewertung

Unsystematische alltägliche Beobachtungen bergen allerdings immer die Gefahr der Vermischung von Wahrnehmung und Interpretation. Deren Unterscheidung wird anhand der Beispiele in Tabelle 1 illustriert und anschließend näher erläutert.

Definition

Die Beobachtung unterscheidet sich vom bewussten oder unbewussten Wahrnehmen dadurch, dass sie ein absichtlicher, *planvoller* und *zielgerichteter* Prozess ist, bei dem Informationen *systematisch* gesammelt werden.

Es wird also nicht einfach nur wahrgenommen, sondern vorher überlegt, *was* genau beobachtet werden soll. Die Interpretation der Beobachtungen erfolgt vor dem Hintergrund des Wissens über die Meilensteine früher mathematischer Kompetenzen (Kap. 1.1).

Tab. 1: Beobachtung und Beschreibung vs. Interpretation und Bewertung früher mathematischer Kompetenzen

Beobachtung einer Situation und deren Beschreibung	**Interpretation** einer Situation und deren Bewertung
Lena baut einen Turm und tippt anschließend nacheinander, von unten beginnend, alle Bauklötze einmal an, dabei spricht sie: eins, zwei, drei, vier, vier, fünf, sechs.	Lena zählt. Dabei geht sie systematisch vor, indem sie von unten beginnt und nacheinander, beginnend mit „eins“, zählt. In einer Eins-zu-Eins-Zuordnung verbindet sie Objekt (Bauklotz) und Zahlwort. Sie nennt dabei die „vier“ doppelt. Damit sind Merkmale der II. Stufe (nach Fuson 1988) der Entwicklung des Zählens erkennbar. Der Kardinalaspekt ist noch nicht vollständig erfasst.
Ich habe zum Morgenkreis eine „Schatzkarte“ mitgebracht. Sie enthält Markierungen und Wege. Die Kinder schauen gemeinsam darauf. Plötzlich ruft Paul begeistert: „Ich weiß, wo der Schatz ist!“ Paul erklärt, dass sich der Schatz auf dem Spielplatz befindet. Er beschreibt, dass wir zur Hintertür müssen, dann nach links abbiegen und bis zum Blumenkübel gehen müssen. Dann rechts rum bis zum Spielzeughaus. Und hinter dem Haus ist ein Holzstapel, und dort in der rechten Ecke vorn muss der Schatz liegen.	Paul hat sich auf der gezeichneten Karte orientiert und den Grundriss der Kindertageseinrichtung erkannt. Da die Kinder immer die Hintertür benutzen, um auf den Spielplatz zu gelangen, beginnt auch er dort. Er beschreibt, die gezeichneten Dinge (wieder-) erkennend und bezeichnend, den Weg genau, gibt Richtungen und Richtungswechsel an und erklärt, wo der Schatz liegen muss, indem er die richtigen Raumbegriffe verwendet. Seine Beschreibung ist richtig. Paul kann sich anhand einer Karte im Raum orientieren. Er hat ein Verständnis für Wegeskizzen erworben und kann sein Wissen anwenden und übertragen.

Beispiel

Im Fokus einer Beobachtung könnten z.B. Lenas Zählfähigkeiten im Freispiel oder in anderen Alltagssituationen sein. Man könnte nun im Bereich Zahlen und Mengen gezielt beobachten: Wie zählt Lena? Zählt Lena in anderen Situationen und anhand anderer Objekte auch doppelt („vier“ wie im Beispiel) oder lässt sie Zahlen weg. Wie weit zählt Lena?

Auf diese Weise erhält man eine sehr viel detailliertere und objektivere Aussage über einen Teilbereich von Lenas frühen mathematischen Kompetenzen.

Das kontrollierte Vorgehen bei systematischen Beobachtungen erhöht die Objektivität und ist daher eine unerlässliche Ergänzung der allgemeinen Wahrnehmung.

Beobachtungsfehler

Dennoch können sich weitere Fehler beim Beobachten einschleichen: Eine hohe sprachliche Kompetenz kann die Einschätzung der frühen mathematischen Kompetenzen eines Kindes positiv beeinflussen (Überstrahlungseffekt); die eigene aktuelle Stimmungslage, Sympathie / Antipathie oder Vorurteile können die Beobachtung maßgeblich beeinflussen; die eigenen Probleme, Sichtweisen und Eigenschaften werden auf das beobachtete Kind übertragen (Projektionsfehler); beobachtete Ereignisse werden als gegeben angesehen, obwohl sie nur in einer besonderen Situation aufgetreten sind (Fehlattribution).

Solche Fehler lassen sich zwar nicht ganz, aber zumindest weitestgehend vermeiden, wenn

- Beobachtungsschwerpunkte vorher festgelegt werden,
- Beobachtungen zu zweit durchgeführt werden,
- Beobachtungen notiert oder aufgenommen werden (Dokumentation),
- sich im Team über potenzielle Beobachtungsfehler ausgetauscht wird,
- Bewertungen und Verallgemeinerungen möglichst vermieden werden.

Wichtig ist, in der Beschreibung der beobachteten Kompetenzen möglichst konkret zu bleiben. So werden (potenziell unzulässige) Verallgemeinerungen vermieden.

standardisierte Verfahren

Die Gefahr subjektiver Verzerrungen bei der Beobachtung ist groß. Daher sollten auch regelmäßig standardisierte Beobachtungs- und Dokumentationsverfahren eingesetzt werden. Zur Feststellung der mathematischen Fähigkeiten von Kindern im Vor- und Einschulalter wurden in den letzten Jahren verschiedene Diagnoseverfahren für pädagogische Fachkräfte entwickelt. Diese fokussieren zumeist ebenfalls den Bereich *Mengen, Zahlen, Operationen*. Exemplarisch werden hier der Osnabrücker Test zur Zahlbegriffsentwicklung (OTZ, van Luit et al. 2001) und der Beobachtungs- und Einschätzbogen „Kompetenzen und Interessen von Kindern“ (KOMPIK, Bertelsmann Stiftung 2010) kurz beschrieben.

OTZ

Der OTZ ermöglicht die Einschätzung von verschiedenen Niveaus der Zahlbegriffsentwicklung bei Kindern zwischen 4;6 und 7 Jahren unter Berücksichtigung entwicklungspsychologischer Aspekte. Es werden acht Komponenten des frühen Zahlbegriffs mit jeweils fünf Aufgaben erfasst.

- Vergleichen anhand von quantitativen und qualitativen Objektmerkmalen, z.B. „Hier siehst du Männer. Zeige auf den Mann, der dicker ist als dieser Mann."
- Klassifizieren von Objekten nach Kriterien, Differenzierung nach Gemeinsamkeiten und Unterschieden, z.B. zur bildlichen Darstellung verschiedener Objekte: „Welches dieser Objekte kann nicht fliegen?"
- Eins-zu-Eins-Zuordnung, z.B. „Hier siehst du Kerzenhalter und Kerzen. In jeden Kerzenhalter passen Kerzen. Kannst du Linien von den Kerzen zu den passenden Kerzenhaltern zeichnen?"
- Objekte nach bestimmten Kriterien in einer Reihenfolge ordnen; Erkennen falscher bzw. richtiger Anordnung, z.B. von hoch nach niedrig, von dick nach dünn, von eng nach breit.
- Zahlwörter benutzen – vorwärts – rückwärts – weitererzählen im Zahlenraum bis 20, z.B. „Zähle von 9 weiter bis 15."
- Synchrones und verkürztes Zählen, z.B. Abzählen der Zahlbilder beim Spielwürfel, Abzählen von Holzwürfeln.
- Resultatives Zählen von strukturierten und unstrukturierten Mengen, z.B. „Hier sind fünf Würfel. Ich schiebe sie unter meine Hand. Jetzt füge ich sieben Würfel hinzu. Wie viele Würfel habe ich jetzt unter meiner Hand?"
- Anwendung von Zahlenwissen in einfachen Alltagssituationen, z.B. „Du hast neun Murmeln. Nun verlierst du drei Murmeln. Wie viele Murmeln hast du übrig? Zeige auf den Kasten mit der richtigen Anzahl von Murmeln."

Der OTZ ist besonders geeignet, ab einem Alter von etwa 4;6 Jahren diejenigen Kinder zu identifizieren, bei denen die Zahlbegriffsentwicklung relativ zu ihren Altersgenossen verzögert ist.

KOMPIK

Der Beobachtungs- und Einschätzbogen „Kompetenzen und Interessen von Kindern" (KOMPIK, Bertelsmann Stiftung 2010) umfasst im Entwicklungsbereich Mathematik die folgenden Kompetenzen:

- Sortieren und Klassifizieren enthält Fragen dazu, ob ein Kind Gegenstände anhand spezifischer Eigenschaften (z.B. Form, Farbe) einordnen kann und ob es ein Verständnis für Ober- und Unterklassen hat.

- Ordnen und Formenkenntnis: Hier wird beobachtet, ob Kinder Reihenfolgen nach vorgegebenen Kriterien bilden können (Seriation) und geometrische Formen kennen.
- Zählen und Zahlenwissen enthält Fragen danach, ob ein Kind eine bestimmte Menge an Gegenständen richtig abzählen kann und ob es die verschiedenen Funktionen von Zahlen kennt.
- Rechnen: Hier wird erfasst, ob ein Kind bereits die Gesamtzahl von Objekten bestimmen und einfache Rechenaufgaben lösen kann.

KOMPIK ist geeignet, die mathematischen Kompetenzen ab einem Alter von etwa 3;6 Jahren zu beobachten und zu dokumentieren.

1.4 Beziehung zu anderen Entwicklungsbereichen

Mathematische Basiskompetenzen lassen sich nicht losgelöst von den anderen Entwicklungsbereichen der Kinder betrachten, vielmehr stehen alle Entwicklungsbereiche in einer engen Wechselbeziehung zueinander.

Sowohl im engeren Sinne als auch in ihrer Wechselbeziehung zu allen anderen Entwicklungsbereichen haben die vorschulischen mathematischen Kompetenzen einen starken Einfluss auf den späteren Schulerfolg. Sie können zu Schulbeginn die Leistungen der Kinder im Fach Mathematik sogar noch besser vorhersagen als die Intelligenz (z.B. Dornheim 2008; Gut et al. 2012). Insbesondere das Zahlenwissen hat eine hohe Vorhersagekraft.

Die mathematischen Erfahrungen, die Kinder bis zum Schulbeginn machen, bilden eine wichtige Grundlage für den weiteren Lernerfolg in Mathematik.

Gerade leistungsschwache Kinder können geringe mathematische Vorerfahrungen in der Schule nur schwer ausgleichen (Weißhaupt et al. 2006). Das bedeutet:

Je früher und intensiver sich Kinder mit Mathematik auseinandersetzen, Erfahrungen sammeln und Vorstellungen entwickeln, desto bessere Chancen haben sie auf gute schulische Leistungen im Fach Mathematik.

Sprache

Der Aufbau mathematischer Kompetenzen ist ohne Sprache kaum denkbar. In Studien wird regelmäßig ein Zusammenhang zwischen sprachlichen und mathematischen Kompetenzen festgestellt: Kinder mit geringen sprachlichen Fähigkeiten haben sehr oft auch Schwierigkeiten mit mathematischen Aufgaben, während Kinder mit guten sprachlichen Fähigkeiten häufig auch hohe mathematische Kompetenzen zeigen (Heinze et al. 2007). Dies ist nicht verwunderlich, schließlich ist die Sprache Voraussetzung für die frühe mathematische Bildung. Wollen sich Kinder über Mathematik austauschen, nutzen sie regelmäßig die Sprache.

Aber Sprache ist nicht nur wesentlich Voraussetzung, sondern auch ein Bestandteil der mathematischen Kompetenzen (Fthenakis et al. 2009; Linneweber-Lammerskitten 2013). Die Sprache wird als Werkzeug eingesetzt, um mathematische Inhalte zu transportieren. Im Austausch mit anderen Kindern und Erwachsenen erweitern die Kinder ihre sprachlichen Fähigkeiten. Die Kinder lernen mathematische Begriffe, sie kommunizieren, sie argumentieren und begründen und sie stellen Zusammenhänge her. Das bedeutet: Matheförderung ist oft auch gleichzeitig Sprachförderung.

sozial-emotionale Kompetenzen

Neben der Sprache sind die sozial-emotionalen Kompetenzen eine wichtige Voraussetzung für mathematische Bildungsprozesse. Nur dann, wenn die Kinder in der Lage sind, ihre Gefühle selbst zu regulieren bzw. die Bezugspersonen in ihrem Umfeld sie dabei unterstützen und ihnen eine sichere Basis bieten, sind sie für Lerninhalte im mathematischen Bereich offen (Petermann / Wiedebusch 2008).

Zum Weiterlesen

Deutscher, T., Selter, C. (2013): Frühe mathematische Bildung – Forschungsbefunde und Förderkonzepte. In: Stamm, M., Edelmann, D. (Hrsg.): Handbuch frühkindliche Bildungsforschung. Springer, Wiesbaden, 543–556

2 Alltagsintegrierte Förderung mathematischer Basiskompetenzen

In diesem Kapitel wird erläutert, was unter alltagsintegrierter Förderung zu verstehen ist und wie sie sich von anderen Förderansätzen abgrenzt. Im Anschluss daran wird die besondere Bedeutung der pädagogischen Fachkräfte thematisiert und ihre Rolle bei der alltagsintegrierten Förderung beschrieben. Ebenso werden grundlegende mathematikdidaktische Prinzipien und Methoden sowie der förderliche Umgang mit mathematischen Fehlern anschaulich dargestellt. Abschließend wird auf ausgewählte Aspekte einer förderlichen Raumgestaltung sowie auf relevante Materialien eingegangen.

2.1 Was ist alltagsintegrierte Förderung?

Programme zur mathematischen Frühförderung

Das Wissen um die Bedeutung der frühen mathematischen Kompetenzen hat in den letzten Jahren im gesamten deutschsprachigen Raum zur Entwicklung von Förderprogrammen geführt, die in den Alltag der Kindertageseinrichtungen integriert werden können (Hauser et al. 2014). Exemplarisch hierfür stehen Programme, wie „Mengen, zählen, Zahlen (MZZ)“ von Krajewski et al. (2008), „Komm mit ins Zahlenland“ (Friedrich / Munz 2006) oder „Mathe 2000“ (Wittmann 2010).

alltagsintegrierte Förderung

In Abgrenzung dazu geht die alltagsintegrierte Förderung mathematischer Basiskompetenzen auf den aktivitätsorientierten Ansatz (van Oers 2004) zurück, der von der Bedeutung mathematisch reichhaltiger Spiel- und Alltagssituationen ausgeht. Vertreter dieses Ansatzes nehmen vor dem Hintergrund der sozial-konstruktivistischen Lerntheorie an, dass Mathematik im Kontext bedeutsamer Aktivitäten (Kap. 3) in alltäglichen Interaktionssituationen erlernt wird. Entscheidend dabei und gleichzeitig Aufgabe der pädagogischen Fachkraft ist es, mathematische Inhalte in Alltagssituationen „aufzudecken" und diese Situationen zielgerichtet pädagogisch zu nutzen.

Alltagsintegrierte Förderung ist die zielgerichtete Förderung mathematischer Basiskompetenzen in Alltagssituationen.

Vor allem das Spiel wird als ein bedeutsamer Kontext betrachtet, um Gespräche mit den Kindern zu führen und dadurch ihre Aufmerksamkeit auf bestimmte mathematische Vorgänge oder Aspekte einer Situation zu lenken.

Zielgruppe der alltagsorientierten Förderung sind nicht nur Kinder mit Risiken oder bereits bestehenden Auffälligkeiten, sondern alle Kinder, die die Einrichtung besuchen.

Die alltagsintegrierte pädagogische Förderung in Kindertageseinrichtungen hat hauptsächlich eine entwicklungsunterstützende, aber auch eine präventive Funktion: Indem die Kinder in ihrer Entwicklung adäquat gefördert werden, soll das Entstehen von Auffälligkeiten verhindert und daraus resultierenden Rechenschwierigkeiten vorgebeugt werden.

2.2 Rolle der pädagogischen Fachkraft

Die entscheidende Herausforderung an die pädagogischen Fachkräfte ist, das in der Alltagssituation steckende mathematische Förderpotenzial zu erkennen und pädagogisch zielgerichtet zu nutzen.

Dabei sind insbesondere die folgenden Aspekte wichtig:

1 Das Wissen der Fachkräfte über Mathematik sowie über die Entwicklung mathematischer Basiskompetenzen beim Kind,
2 das didaktisch-methodische Wissen der Fachkräfte und
3 deren Einstellung gegenüber der Mathematik und gegenüber den Kindern.

Wissen über Mathematik

Pädagogische Fachkräfte müssen über mathematisches Fachwissen verfügen. Das meint natürlich nicht, dass jede Fachkraft ad hoc schwierige Exponentialaufgaben rechnen können muss. Mit Fachwissen ist hier vielmehr das Wissen über die mathematischen Inhaltsbereiche und Kompetenzen, ihre Zusammenhänge und ihre Bedeutung für den mathematischen Lernprozess gemeint (Kap. 1.1).

Wissen über die Entwicklung

Weiterhin müssen umfangreiche Kenntnisse über die kindliche Entwicklung vorhanden sein. Um Kinder entwicklungsangemessen fördern zu können, muss man wissen, wie sich Kinder entwickeln, welche Phasen in welcher Reihenfolge durchlaufen werden, welche wesentlichen, im konkreten Verhalten beobachtbaren Meilensteine dabei erreicht werden und welche inter- und intraindividuellen Unterschiede auftreten können (Kap. 1.1).

Notwendige Voraussetzung, „an der richtigen Stelle“ anzusetzen, ist eine regelmäßige und systematische Beobachtung der kindlichen Entwicklung. Die Fachkraft agiert dabei gewissermaßen immer in einem Spannungsfeld zwischen der individuellen Entwicklung eines Kindes und dem, was dieses Kind in seinem Alter an Fähigkeiten entwickelt haben könnte (Zone der nächsten Entwicklung).

Der Fachkraft kommt damit die Aufgabe zu, das Kind ausgehend von seinem individuellen Entwicklungsstand so zu fördern, dass es sein Potenzial ausschöpfen kann. Dazu muss sie den aktuellen Entwicklungsstand des Kindes einschätzen, darauf abgestimmte, fördernde Anregungen geben und die individuelle Lernentwicklung dokumentieren.

Die Unterschiedlichkeit von Kindern zeigt sich nicht nur in ihrem Entwicklungsstand, sondern auch in ihren Interessen: Während die einen sich für Zahlen begeistern, beschäftigen sich andere vielleicht lieber mit Tieren oder Pflanzen. Mathematische Aspekte lassen sich aber in jedem Bereich entdecken, so natürlich auch in der Tier- und Pflanzenwelt, hier am Beispiel Zoo:

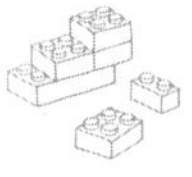

Beispiel

Mengen, Zahlen, Operationen: Wie viele Elefanten sind zu sehen? Wie viele Schafe gibt es und wie viele Lämmer? Gehört zu jeder Schafmama ein kleines Schäfchen? Hat jede Tierart ihr eigenes Gehege? Wie viele Tiere sind es insgesamt?

Formen und Raum: Das eine Gehege ist viereckig, das andere rund. Die Lämmer stehen alle dicht um die Mutter herum und bilden einen Kreis. Der kleine Elefant steht direkt unter der Giraffe.

Beispiel

Größen und Messen: Welches Tier ist größer, welches kleiner? Ist eines der kleinen Lämmer größer als die anderen? Welches Tier ist wohl das schwerste? Wo sind die Tiere tagsüber, wo bleiben sie in der Nacht?

> Die Aufgabe der Fachkraft besteht darin, die Interessen der Kinder herauszufinden und diese in die mathematische Förderung einzubeziehen.

didaktisch-methodisches Wissen

Nicht zuletzt müssen Fachkräfte über ein umfangreiches didaktisch-methodisches Repertoire verfügen, um den Kindern mathematische Inhalte freudvoll nahe zu bringen. Dabei kommt dem *handelnden Lernen* eine wichtige Rolle zu. Denkoperationen sind in einem weiteren Verständnis „verinnerlichte Handlungen“ (Aebli 2006). Was bedeutet das konkret für den Bereich Mathematik?

Rechnen im eigentlichen Sinne erfolgt mit Zahlen, Zahlenzeichen symbolisieren Mengen. Nun könnte man natürlich auch immer nur mit Mengen, also konkreten Objekten rechnen.

Beispiel

Bei Aufgaben wie 2+3 ist das ganz einfach, bei größeren Mengen (4378+27896) oder komplizierteren mathematischen Operationen (Wurzel aus 6789) wird das natürlich unmöglich.

Operationen werden in Zeichensysteme (Zahlen) kodiert und sind in diesem Sinne „in Zeichensysteme übersetzte Handlungen“. Um mit diesen Symbolen (Zahlen) erfolgreich operieren (= rechnen) zu können, muss man sich seine Handlung *vorstellen* können, sie verinnerlicht (interiorisiert) haben. Statt mit konkreten Gegenständen umzugehen, vollzieht man nunmehr die Handlungen mit Objekten in seiner Vorstellung („im Kopf“). Vorstellungen basieren somit auf konkreten Handlungen, die auf einer vorhergehenden Entwicklungsstufe zunächst tatsächlich wiederholt durchgeführt werden müssen.

Phasen der Verinnerlichung

Aebli (2006) geht von mehreren *Phasen der Verinnerlichung* von Handlungen aus, die mit bestimmten Darstellungsformen verknüpft sind:

1 Das Lernen vollzieht sich rein handelnd.
2 Die Handlung wird mit Bildern verbunden (ikonisch).
3 Die Operation wird sich anhand eines Bildes vorgestellt.
4 Bild und Zeichen (Zahlsymbol) verbinden sich.
5 Die Operation wird allein aufgrund der Darstellung durch Ziffern ausgeführt.

Die Entwicklung besteht nach Aebli in der Loslösung von konkreten Dingen, und zwar über die bildliche (ikonische) Darstellung bis hin zum Operieren mit Zahlsymbolen. Dabei können Kinder sich in unterschiedlichen Zahlenbereichen auch auf unterschiedlichen Ebenen befinden.

Die Schritte zum Aufbau mathematischer Operationen lauten, auf das Wesentliche reduziert:
1 Tun/Handeln
2 Verstehen
3 Verinnerlichen
4 Automatisieren

Kinder müssen zur Verinnerlichung von Operationen dabei unterstützt werden, sich von konkreten Dingen (Gegenständen) zu lösen.

Gerade strukturierte Alltagssituationen wie das Spiel, aber auch der Morgenkreis oder das gemeinsame Basteln eignen sich hervorragend dazu, den Umgang mit Zahlen, Mengen und Operationen zu *automatisieren*.

Beispiel

Kinder zählen ihre Finger, Steine, Schmetterlinge, Treppenstufen und vieles andere mehr. Indem immer wieder gezählt wird, festigt sich die Zahlwortreihe im Gedächtnis.

Übungen im Alltag

Da Sprache in sozialen Interaktionen durch gemeinsame Handlungen erworben wird (Bruner 2008), erlernen die Kinder auch das Zählen gemeinsam mit anderen Personen. Fachkräfte sollten auch hier Gelegenheiten, die der Alltag bietet, aufgreifen und dazu nutzen, mit den Kindern zu üben.

Beispiel

Stufenzählen beim Treppensteigen:
- Eins, zwei, drei ... Wie viele Stufen hat die Treppe?
- Kannst du dich einmal auf die dritte Stufe stellen?
- Und für die geübten Zähler: Wer kommt schon in Zweierschritten die Treppe hoch und kann dabei die Stufen mitzählen?
- Wer kann beim Heruntergehen wieder bis Null runterzählen?

Zum Automatisieren der Zahlwortreihe eignen sich ebenso Kinderreime und Sprüche, die gut in den Alltag integriert werden können, z. B.:
- „Eins zwei drei, alle Kinder kommen herbei ..."
- Abzählreime: „Eins, zwei, Papagei, drei, vier, Offizier, fünf, sechs, alte Hex', sieben, acht, Kaffee gemacht, neun, zehn, weiter geh'n, elf, zwölf, junge Wölf', dreizehn, vierzehn, Haselnuss, fünfzehn, sechszehn, du bist druß."

Durch diese leicht durchzuführenden Übungen, die den Kindern Spaß machen und überhaupt nicht als „Üben" wahrgenommen werden, werden die Kinder mit dem Zählen sehr schnell immer vertrauter.

Um Handlungen von der konkreten Ebene „in den Kopf zu bekommen", ist es hilfreich, das Handeln im Alltag sprachlich zu begleiten. Dabei können Kinder durch gezielte Fragen von der Fachkraft unterstützt werden.

Beispiel

„Was hast du gerade gemacht?"

„Wie hast du das hinbekommen?"

„Was machst du als nächstes?"

„Was würde passieren, wenn du …?"

Jedem rechnerisch-praktischen Handeln mit Gegenständen, gefolgt von den daraus abgeleiteten Rechenoperationen, sollte möglichst eine Vielzahl sprachlicher Begriffe zugeordnet werden, damit diese Begriffe zunehmend das praktische Tun ersetzen.

Mit den Kindern sollte darüber gesprochen werden, was sie tun, und sie sollten angeregt werden, ihre Handlungen sprachlich zu begleiten.

Aber auch in anderer Hinsicht spielt die Sprache eine wesentliche Rolle: Mathematik ist gewissermaßen die erste Fremdsprache, die Kinder erwerben. Zum mathematischen Operieren gehören immerhin jede Menge Begriffe wie weniger / viel / mehr – unter / über / neben – wenn / dann – vor / nach …

Die pädagogische Fachkraft sollte im Alltag möglichst viele mathematische Begriffe präzise verwenden und die Kinder zu deren Nutzung ermuntern.

eigene Haltung

Warum finden wir eigentlich an jedem Kartenständer Karten mit Sprüchen wie „Mathe ist ein Arschloch", „Ich bin nur zur Dekoration im Matheunterricht" oder auch „Besser eine Fünf in Mathe als überhaupt keine persönliche Note"? Aussprüche wie diese spiegeln die Mathematikverdrossenheit vieler Erwachsener wider. Dabei sind die Erwachsenen von heute vermutlich vor vielen Jahren – wie alle Kinder – mathematischen Inhalten zunächst mit großem Interesse und Begeisterung begegnet.

Die zentrale Aufgabe pädagogischer Fachkräfte besteht darin, das kindliche Interesse an Mathematik zu erhalten und auszubauen. Dafür ist nicht zuletzt die eigene Einstellung gegenüber mathematischen Phänomenen und Zusammenhängen entscheidend.

Je besser es gelingt, Offenheit, Freude und Motivation an der Mathematik zu leben, desto mehr Spaß am Tüfteln und Knobeln werden auch die Kinder empfinden und erhalten. Je interessierter und motivierter die Fachkräfte selbst an mathematischen Inhalten sind, je lieber sie z.B. Regelspiele wie Brett-, Würfel- oder Kartenspiele in der Arbeit mit den Kindern aufgreifen, desto größer wird die Begeisterung und Motivation der Kinder sein, mathematische Aspekte ihres Alltagslebens wahrzunehmen und sich mit ihnen auseinanderzusetzen.

Beziehung zum Kind

Wesentlich für die Qualität der kindlichen Exploration und Interaktion und damit für den Kompetenzerwerb ist die Qualität der Beziehung zwischen Fachkraft und Kind. Für ihre mathematische Entdeckungsreise brauchen die Kinder eine sichere Basis zum Lernen und Ausprobieren. Nur wenn sich die Kinder sicher und geborgen fühlen, können sie ihre Aufmerksamkeit nach außen lenken, ungehindert ihre Umwelt entdecken und Lernerfahrungen sammeln. Die pädagogischen Fachkräfte schaffen dazu in ihrer Gruppe eine positive Atmosphäre und bauen eine gute Beziehung zu jedem Kind auf.

Detaillierte Darstellungen zur Beziehungsgestaltung finden sich im Praxisbuch „Überall stecken Gefühle drin“ (Jungmann et al. 2015).

Neben Wissen und Einstellungen sind zwei weitere Aspekte zu betonen:

Mathe bewusst machen

Damit Kinder mathematische Aspekte wahrnehmen, begreifen und damit bewusst umgehen können, brauchen sie Personen, die gemeinsam mit ihnen die Welt der Mathematik entdecken. Nur mit ihrer Hilfe können sie ein Bewusstsein für die mathematischen Begriffe, Vorgänge und Zusammenhänge entwickeln. Dabei ist das Material, anhand dessen sie lernen, zweitrangig: Zahlen, Formen und Lage sowie Größe und Gewicht lassen sich mittels sehr unterschiedlicher Gegenstände entdecken und untersuchen. Im Vordergrund steht der *gemeinsame Austausch* über diese Themen, der zu einem Zuwachs an mathematischen Kompetenzen führen kann. Die Kinder müssen dazu angeregt werden, bewusst über den Lerninhalt als auch über den Lernprozess nachzudenken, indem sie reflektieren:

- **Was** habe ich gelernt?
- **Wie** habe es das gelernt?

Die metakognitiven Fähigkeiten zur Reflexion erwerben Kinder ab dem vierten Lebensjahr. Die Fachkräfte können die Kinder durch Fragen zum Lernprozess darin unterstützen, ein Bewusstsein und Verständnis dafür zu entwickeln, „dass sie lernen, was sie lernen und wie sie lernen“ (Gisbert 2004, 157).

Kinder sollen sich nicht nur einfach mit mathematischen Inhalten beschäftigen, sondern ihnen soll bewusst werden, *was* sie machen und *wie* sie es tun.

Umgang mit Fehlern

Die Beschäftigung mit mathematischen Inhalten soll Spaß machen. Da aber noch nie ein Meister vom Himmel gefallen ist, treten logischerweise auch immer wieder Fehler auf. Die Kinder machen Fehler nicht absichtlich, sondern sie entstammen ihrer kindlichen Sicht auf die Welt. Daher sind sie nicht nur ganz normal, sondern können auch als gute Möglichkeit zum Lernen angesehen werden. Pädagogische Fachkräfte sollten sich beim Umgang mit Fehlern stets die Frage stellen:

- Wie könnte das Kind darauf gekommen sein?
- Kann ich durch den Versuch, die kindliche Sichtweise nachzuvollziehen, die Entstehung des Fehlers aufdecken?

Ebenso sollte auf Fehler positiv reagiert werden. Das bedeutet, sie (auch für die Kinder merkbar) als eine gute Lerngelegenheit anzusehen und konstruktiv mit ihnen umzugehen.

Wichtig ist ebenso, Fehler nicht zu wiederholen, denn so könnte eben dieser Fehler sich einprägen. Es bietet sich an, korrigierend auf die fehlerhafte Aussage des Kindes zu reagieren.

Beispiel

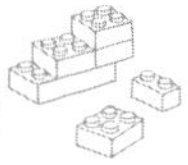

Das Kind zeigt auf einen in der Mitte durchgeschnittenen Apfel und sagt: „Zwei Äpfel.“ Die pädagogische Fachkraft antwortet: „Ja, ich habe den Apfel eben in zwei Hälften zerschnitten.“

2.3 Förderliche Raumgestaltung

Auch die Gestaltung der räumlichen Umgebung und deren Ausstattung mit Materialien spielen eine wesentliche Rolle für die Beschäftigung mit Mathematik und die Ausbildung mathematischer Basiskompetenzen. Durch gezielte Veränderungen mit einfachen Mitteln können bislang mathematisch ungenutzte Bereiche zu anregungsreichen Räumen umfunktioniert werden.

Drei Elemente sollten in jedem Gruppenraum zu finden sein und auch regelmäßig genutzt werden.

- Zahlen- und Mengenbilder
- ein Kalender
- eine Wanduhr

Zahlen- und Mengenbilder

Eine freie Wand, ein Schrank oder auch das Fenster eignen sich zum Anbringen von Zahlen. Dabei sollte es sich mindestens um die Zahlen von 0 bis 12, möglichst bis 20 handeln, die in aufsteigender Reihenfolge angeordnet sind. Die Zahlen sollten gut lesbar in klarer Schrift ohne Schnörkel dargestellt sein.

Die Zahlen sollten mit Mengen verbunden werden, d.h. unter jeder Zahl wird zum einen ein Bild angebracht, das die jeweilige Anzahl an Gegenständen zeigt, ebenso wird die Anzahl durch konkrete Materialien veranschaulicht (z.B. Perlenkette).

Beispiel

Die Zahl Drei wird so in unterschiedlichen Formen dargestellt: als Symbol (Zahl), als Bild von Gegenständen und in Gegenständen selbst (Perlen).

Die Kinder erleben dadurch Zahlen als Zählzahlen und als Anzahl, gleichzeitig wird auf die verschiedenen Darstellungsformen nach Aebli (2006) zurückgegriffen (Kap. 2.2).

Kalender

Zur Veranschaulichung von zeitlichen Strukturen eignet sich ein einfach gestalteter Kalender. Gut sichtbar an der Wand aufgehängt, sollte er täglich mit den Kindern genutzt werden.

Beispiel

Hier können gleichzeitig die Wochentage, die Zahlwortreihe bis max. 31 sowie die Monate und darin enthaltene zeitliche Strukturen (7 Wochentage, bis zu 31 Tage im Monat, die 12 Monate) veranschaulicht werden. Die Kinder lernen außerdem die korrekte Verwendung der Begriffe: „Heute ist Freitag, der 13. Februar 2013.“ Außerdem erfahren die Kinder durch die wiederkehrende und ritualisierte Nutzung des Kalenders eine feste Struktur in ihrem Tagesablauf. Im Kalender sollten zudem Geburtstage und besondere Ereignisse vermerkt werden, und in der Weihnachtszeit bietet auch ein Adventskalender zahlreiche motivierende Möglichkeiten zum Umgang mit dem Thema Zeit.

Wanduhr

Jeder Gruppenraum sollte über eine gut sichtbar aufgehängte Uhr verfügen. Auf ihr sollten alle Zahlen gut erkennbar sein. Um die Kinder nicht vom Wesentlichen abzulenken, sollte eine schlichte Variante (ohne Bilder, Vogelstimmen o.ä.) gewählt werden. Mittels dieser Uhr können Kindern Tagesstrukturen verdeutlicht werden, gleichzeitig können sie durch die Fachkräfte auf feste oder markante Zeitpunkte im Tagesablauf aufmerksam gemacht werden.

Beispiel

Es ist Zeit für das Mittagessen oder den Mittagsschlaf. An welcher Stelle und auf welchen Zahlen stehen die Zeiger zu dieser Zeit? Und ganz nebenbei: Welcher Zeiger bewegt sich schneller, welcher langsamer?

Spielecke

Kinder spielen sehr oft und sehr gerne. Daher sollte in jedem Gruppenraum eine Vielzahl an frei zugänglichen Materialien und Spielen zu finden sein. Grundsätzlich ist es für die mathematische Förderung zweitrangig, welche konkreten Materialien und Spiele eingesetzt werden, denn mit Murmeln kann ebenso gezählt werden wie mit kleinen Steinen, beim Mensch-ärgere-dich-nicht-Spiel ebenso wie bei Halli Galli. Entscheidend ist, dass sie regelmäßig eingesetzt werden.

Als Grundausstattung sollten in der Spielecke die folgenden Materialien zum kreativen Umgang mit mathematischen Inhalten vorhanden sein:

- kleine Gegenstände zum Kategorisieren, Sortieren und Ordnen (z. B. Knöpfe, Muggelsteine, Eicheln, Schlüssel, Muscheln)
- leere Behältnisse mit und ohne Deckel zum Befüllen und Umschütten, dazu Trichter, Zangen, Kellen und Pipetten
- verschiedene Formen aus Holz oder Plastik zum Legen
- Bausteine aus Holz oder Plastik in größeren Mengen, flache Holzplättchen in großer Anzahl sowie Schienen und Straßen
- Materialien zum Fädeln und Flechten
- Sanduhren

Es ist empfehlenswert, die Kinder die Materialien selbst entdecken und ausprobieren oder auch mit anderem Spielzeug kombinieren zu lassen. So finden sie eigene Wege der Auseinandersetzung mit Mathematik. Zur gezielten Förderung sollten die pädagogischen Fachkräfte durch Fragen oder Anregungen die mathematischen Inhalte ins Bewusstsein der Kinder rücken oder Impulse für weitere Nutzungsmöglichkeiten liefern.

Spiele

Viele Studien weisen auf das große Potenzial des Spiels für die mathematische Förderung der Kinder (Jörns et al. 2013; Ramani/Siegler 2008) hin. Speziell Regelspiele bieten eine Fülle von Gelegenheiten für mathematische Erfahrungen:

- Brettspiele mit Zahlenwürfeln wie „Mensch ärgere dich nicht“ oder „Fang den Hut“
- Kartenspiele wie „Uno“, „Halli Galli“ oder Quartette sowie Würfelspiele
- Memory, Bingo, Puzzle, Steckspiele, Legespiele, z. B. Mosaik oder Tangram

In jedem Gruppenraum sollten solche Spiele zur freien Verfügung stehen.

> Zwei Aspekte sind bei der Raumgestaltung grundsätzlich zu beachten:
> 1 Die Raumstruktur muss für die Kinder klar erkennbar sein.
> 2 Die Auswahl an Materialien muss für die Kinder gut überschaubar sein.

Bücher

Bücher jeglicher Art sollten Kindern jederzeit frei zur Verfügung stehen. Zudem eignen sich viele Bücher ganz explizit dazu, die kindliche Auseinandersetzung mit mathematischen Inhalten in der Lebenswelt zu unterstützen, indem sie mathematische Konzepte wie Zahlen, Mengen, Raum oder Zeit enthalten:

Beispiel

Exakte Anzahlen im Buchtitel (Schneewittchen und die sieben Zwerge); Lagebeschreibungen (die Kugel fiel in den Brunnen); Zeitangaben (Dornröschen schlief 100 Jahre)

Zusätzlich werden die Kinder durch Bilder zur Auseinandersetzung mit den mathematischen Inhalten angeregt.

Beispiel

In dem Buch **„Die kleine Raupe Nimmersatt“** (Carle 2007) begleiten die Leser eine kleine Raupe auf ihrem Weg zum Schmetterling. Dabei wird beschrieben, welche Mengen an Nahrung das Tier zu sich nimmt, die dazugehörigen Darstellungen regen zum Abzählen, Simultanerfassen (bei kleinen Mengen) und Vergleichen an. Weiterhin wird die Zeit thematisiert, indem alle Wochentage benannt werden („am Sonntag …, am Montag …, am Dienstag …“) und die Wandlung von der Raupe („zuerst“) zum Schmetterling („dann“) beschrieben wird. Das Buch eignet sich bereits für kleine Kinder, bietet aber auch größeren noch viele Anreize, z.B. durch die Zuordnung von Früchten und deren Anzahl zu den Wochentagen.

Das Buch **„fünfter sein“** (Jandl/Junge 2014), bei dem fünf Figuren im Wartezimmer eines Arztes sitzen und der Reihe nach behandelt werden, lädt die Kinder durch den reduzierten Text und die gleichzeitige Betonung der Bilder geradezu zum Austausch ein. Sie können die Figuren und die Stühle abzählen (Wie viele warten jetzt noch?), mit Ordnungszahlen umgehen („Fünfter sein“, „Vierter sein“ …), Teil-Ganzes-Beziehungen erkennen (Wie viele warten noch = besetzte Stühle; Wie viele waren schon dran = leere Stühle; Wie viele waren insgesamt dort = alle Stühle), Strukturen entdecken (Wer kommt als Nächstes dran?, Was passiert, wenn jemand reingeht oder rauskommt?) und die Zeit erleben (Wer wartet am längsten?).

Beispiel

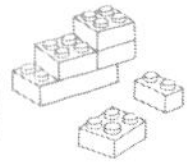

Wimmelbücher wie **„Mein großes Spielplatz-Wimmelbuch“** (Mitgutsch 2014), eignen sich sehr gut zum Abzählen (Wie viele Kinder sitzen am Lagerfeuer?) und zur räumlichen Orientierung (Was steht hinter dem Eiswagen? Wer steht dicht am Flugzeug, wer weiter weg?). Zusätzlich können sich die Kinder hier gegenseitig beschreiben, was sie auf dem Bild entdecken.

Entscheidend ist, dass die pädagogische Fachkraft die mathematischen Inhalte erkennt und sie mit den Kindern anhand des gemeinsam Betrachteten (beim dialogischen Bilderbuchlesen) oder Gehörten (beim klassischen Vorlesen) bespricht und die Kinder zum Ausdruck eigener Gedanken und zum Austausch von Erfahrungen anregt. Hieraus ergeben sich oftmals auch Impulse und Anregungen für das mathematische Handeln der Kinder im freien Spiel oder im Rahmen eines Projektes.

Bücher bieten pädagogischen Fachkräften eine Vielzahl von Möglichkeiten, gemeinsam mit den Kindern mathematisch bedeutsame Inhalte zu entdecken und zu thematisieren.

Weitere Ideen und Tipps zum Umgang mit Bilderbüchern finden sich im Praxisbuch „Überall steckt Sprache drin“ (Jungmann et al. 2015).

Zum Weiterlesen

Carle, E. (2007): Die kleine Raupe Nimmersatt. Gerstenberg Verlag, Hildesheim

Fried, A., Schmidt-Thieme, B. (2011): Ein mathematisches Bilderbuch als Gesprächsanlass für Mathematik im Kindergarten. In: Textor, M. R. (Hrsg.): Kindergartenpädagogik Online-Handbuch. In: www.kindergartenpaedagogik.de/2191.html

Jandl, E., Junge, N. (2014): fünfter sein. Beltz & Gelberg, Weinheim

Jungmann, T., Koch, K., Schulz, A. (2015): Überall stecken Gefühle drin. Ernst Reinhardt, München/Basel

Jungmann, T., Morawiak, U., Meindl, M. (2015): Überall steckt Sprache drin. Ernst Reinhardt, München/Basel

Mitgutsch, A. (2014): Mein großes Spielplatz-Wimmelbuch. Ravensburger, Ravensburg

Peter-Koop, A., Grüßing, M. (2006): Mathematische Bilderbücher – Kooperation zwischen Elternhaus, Kindergarten und Grundschule. In: Grüßing, M., Peter-Koop, A. (Hrsg.): Die Entwicklung mathematischen Denkens in Kindergarten und Grundschule. Mildenberger, Offenburg, 150–169

3 Ein Tag in der Kita

Viele Alltagssituationen in der Kindertageseinrichtung enthalten das Potenzial für die gezielte Förderung mathematischer Basiskompetenzen. In diesem Kapitel wird zunächst auf Förderaspekte eingegangen, die in jeder dieser Situationen eine Rolle spielen können. Im Anschluss daran werden für konkrete alltägliche Situationen aus der Kindertageseinrichtung Anregungen und Spielideen für die mathematische Förderung dargestellt.

3.1 Übergreifende Aspekte der Förderung

Bei der Förderung gilt es, grundlegende Fähigkeiten der Kinder für alle mathematischen Inhaltsbereiche auszubauen:

1 Kommunizieren: Die Kinder erweitern ihren Wortschatz und nutzen mathematische Begriffe.
2 Probleme lösen: Die Kinder lösen mathematische Probleme eigenständig.
3 Argumentieren und Begründen: Die Kinder stellen Vermutungen auf, begründen und überprüfen sie.
4 Zusammenhänge herstellen: Die Kinder stellen inhaltliche Verbindungen her.
5 Darstellen: Die Kinder stellen mathematische Inhalte grafisch dar und gehen mit vorhandenen Darstellungen um.

Diese allgemeinen mathematischen Kompetenzen sind wichtig dafür, dass sich die Kinder gezielt und bewusst mit Mathematik auseinandersetzen, um ein tieferes Verständnis der Inhalte und Zusammenhänge zu erhalten. Hierbei müssen sie durch die pädagogischen Fachkräfte ganz gezielt unterstützt werden.

Selbstentdeckendes Lernen

Kinder sollten unbedingt regelmäßig die Gelegenheit haben, Dinge selbst auszuprobieren und zu entdecken, ohne dass jede Handlung sofort von der

Fachkraft kommentiert oder mit dieser besprochen wird. Dafür wird Material zur Verfügung gestellt, mit dem ganz unvoreingenommen experimentiert werden kann. Ungesteuerte kindliche Auseinandersetzung mit mathematischen Inhalten ermöglicht den Kindern nicht nur Kreativität, sondern den Fachkräften auch die Beobachtung und ganz sicher hin und wieder einen neuen Blick auf scheinbar Vertrautes.

Handlungsbegleitendes Sprechen

Die mathematischen Inhalte sind für die Kinder einprägsamer, wenn sie vielfältig präsentiert werden. Wenn eine Fachkraft eine Handlung nicht nur vorführt, sondern sie gleichzeitig sprachlich begleitet, erweitern die Kinder ihren Wortschatz und lernen, wie mathematische Inhalte korrekt ausgedrückt werden (Kap. 2.2).

Beispiel

„Mit der Schere in der rechten Hand schneide ich jetzt einen großen Kreis aus."

Neben der Sprache können auch Bilder und Symbole als weitere Darstellungsformen eingebunden werden, um Kindern die Wahrnehmung mathematischer Inhalte über verschiedene Sinne zu ermöglichen.

Beispiel

Zahlen können benannt und gleichzeitig mit der entsprechenden Anzahl von Fingern oder mithilfe von Bildkarten, die hochgehalten werden, visualisiert werden.

Die Figur Kreis kann genannt und gleichzeitig in die Luft gemalt werden.

Das Gegensatzpaar groß – klein kann mit den entsprechenden Gesten veranschaulicht werden.

Diese Beispiele verdeutlichen, wie in der Praxis handelnde, bildliche (ikonische) und symbolische (Zahlzeichen) Darstellungsebenen miteinander verknüpft werden und sich die Kinder so allmählich vom konkreten Gegenstand lösen und die Handlungen verinnerlichen können (Aebli, 2006).

Hilfestellungen

Obwohl es darum geht, dass die Kinder selbst zu aktiven Entdeckern von Mathematik in ihrer Umgebung werden, sollten Fachkräfte ihnen, sofern notwendig, Hilfestellung geben.

Oftmals verlangt es Fingerspitzengefühl zu erkennen, wann ein Kind sich noch allein ausprobieren möchte und wann Hilfe angebracht ist. Im einen Extremfall nehmen die Fachkräfte den Kindern alles ab, im anderen lassen sie sie mit ihren Schwierigkeiten allein.

Wenn eine Aufgabe neu ist, ein Kind um Hilfe bittet oder wenn es alleine nicht zurechtkommt und darüber der Verlust an Motivation und Freude an der Aktivität droht, ist Unterstützung angezeigt. Während ein Kind nur etwas Aufmunterung braucht („Du machst das schon sehr gut, weiter so!"), ein zweites einen allgemeinen („Guck dir das doch noch mal genauer an!") oder gezielten Hinweis („Sag mal, fehlt da nicht noch eine Ecke?"), ein drittes Hilfe beim Ausüben von Handlungen benötigt („Schau mal, so kannst du die Schere viel besser halten und schneiden."), kann ein viertes durch eine zu schwierige oder zu leichte Aufgabe demotiviert sein, sodass die Aufgabe überschaubarer gestaltet bzw. das Niveau der Aufgabe erhöht werden muss (Gisbert 2004).

Jede Hilfestellung sollte individuell am Kind und an der Situation ausgerichtet sein und dem Prinzip „so viel Hilfe wie nötig" folgen.

3.2 Spezifische Alltagssituationen

Anliegen dieses Kapitels ist es, täglich wiederkehrende Situationen aufzugreifen und mit den Entwicklungsbereichen mathematischer Basiskompetenzen zu verknüpfen. Dadurch sollen der Blick für die mathematischen Potenziale, die der Alltag bietet, geschärft und Impulse für weiterführende Ideen zur Förderung mathematischer Kompetenzen gegeben werden. Zusätzlich enthalten die Gestaltungsideen Hinweise zur Differenzierung. Grundsätzlich steckt in jeder der Situationen das Potenzial zur Förderung vieler mathematischer Basiskompetenzen. Dennoch sind manche Situationen für die Förderung bestimmter Kompetenzen besonders geeignet. Es wird herausgestellt, für welche Varianten der Förderung sich einzelne Situationen besonders anbieten und welche Basiskompetenzen gut gefördert werden können.

Es geht nicht darum, in jeder Situation alle mathematischen Basiskompetenzen zu fördern oder alle möglichen didaktisch-methodischen Kenntnisse anzuwenden. Vielmehr geht es darum, über ein variables Repertoire zu verfügen, um das Potenzial von Alltagssituationen gezielt und abwechslungsreich zu nutzen.

Morgenkreis

Was & Warum?

Der Morgenkreis ist ein täglich wiederkehrendes Ritual des gemeinsamen Ankommens, das den gemeinsamen Tagesstart der Kinder markiert und realisiert. Obwohl er in jeder Kindertageseinrichtung eigene Schwerpunktsetzungen erfährt, ist er durchgängig durch folgende Merkmale charakterisiert:

a Er ist eine Gruppensituation.
b Es erfolgt eine Auseinandersetzung mit aktuellen Themen.
c Es werden tägliche Rituale eingeübt und ausgeführt.

Der Morgenkreis eignet sich somit für die geplante, zielgerichtete pädagogische Arbeit, die sich an die ganze Gruppe richtet und bei der die Kinder miteinander und mit der Fachkraft ins Gespräch kommen können. Darüber hinaus ist der Morgenkreis eine geeignete Situation zur Beobachtung.

Im gemeinsamen Gespräch können zudem gezielt Stärken einzelner Kinder einbezogen und damit die Lernprozesse der Kinder untereinander gefördert werden. Impulse einzelner Kinder und aktuell wichtige Themen oder Ereignisse können aufgegriffen werden und zur Motivation für den Umgang mit mathematischen Inhalten beitragen, indem sich daraus für die Kinder sinnhafte Handlungen ergeben. Durch die Gruppensituation bieten sich auch Gruppenspiele (Kap. 4) zur gezielten Förderung mathematischer Basiskompetenzen oder ritualisierte Handlungen zur Unterstützung der Automatisierung von Fertigkeiten an (z. B. Umgang mit dem Kalender).

Mengen, Zahlen Operationen

Im Morgenkreis ergeben sich vielfältige Möglichkeiten zum Umgang mit den expliziten Vorläuferfertigkeiten im Bereich Mengen, Zahlen, Operationen.

Beispiel

Wer ist heute da? Jeder kann sich die Bildkarte mit seinem Foto nehmen und an eine vorbereitete (Magnet-)Tafel heften (Eins-zu-Eins-Zuordnung).

In der Mitte bleiben die Karten derjenigen Kinder liegen, die fehlen. Die Bildkarten der fehlenden Kinder werden gezählt.

Sind in unserer Gruppe mehr Jungen oder mehr Mädchen? (Vergleichen) Hier können ebenfalls Bild- sowie Zahlenkarten eingesetzt sowie Anzahldifferenzen gebildet werden. Weiterhin können die Kinder überlegen: Wer saß heute als Erstes im Morgenkreis? Wer war Zweiter / Dritter? (Ordnungszahl)

Wenn die pädagogischen Fachkräfte ein Thema vorbereitet haben und den Kindern hierfür Material zur Verfügung stellen, können die Kinder selbst herausfinden, ob es in ausreichender Anzahl vorhanden ist.

Beispiel

Haben wir genügend Bildkarten für alle Kinder? (Eins-zu-Eins-Zuordnung)

Wenn nicht, sind es zu viele oder zu wenig? (Anzahlvergleich)

Wie viele brauchen wir noch bzw. können wieder weggelegt werden? (Bildung von Anzahldifferenzen)

Muster und Seriation

Morgenkreise verfügen in der Regel über eine gestaltete Mitte, die mit den Kindern vorbereitet werden kann. Hier erfahren und gestalten Kinder Strukturen und Muster, indem sie mit Jahres-, Monats- oder Wochenplänen arbeiten (Vorlage „Wochenplan“ im Online-Material). Mögliche Muster ergeben sich aus den Jahreszeiten (Vorlage „Die vier Jahreszeiten“ im Online-Material), Feiertagen, Geburtstagen (Vorlage „Das bin ich“ im Online-Material) und Festen. Da auch der Morgenkreis selbst fest in die Strukturen der Gruppe eingebunden ist, bietet es sich an, den Kindern auch dieses Muster bewusst zu machen.

Beispiel

Wie beginnt jeder Tag in der Gruppe? Gibt es feste Tage, an denen bestimmte Themen wichtig sind? Worüber sprechen wir jeden Montag im Morgenkreis? Was machen wir jeden Tag im Morgenkreis?

Je nach Alter kann hier auch das Ritual selbst als immer wiederkehrender Ablauf von Handlungen thematisiert werden.

Beispiel

Wie bringen dich Mama oder Papa ins Bett? Wie feiert ihr deinen Geburtstag?

Gerade Lieder und Sprüche eigenen sich – als wiederkehrende Rituale – hervorragend, um den Kindern das Erkennen von Mustern und Strukturen im Jahres-, Monate-, Wochen- oder Tagesrhythmus zu erleichtern.

- Es war eine Mutter … (Jahreszeiten)
- Die Jahresuhr (Monate)
- Laurentia, liebe Laurentia mein, wann werden wir wieder beisammen sein? (Wochentage)
- Und wer im Januar geboren ist … (Zuordnung der Geburtstage zu den Monaten)
- Morgens früh um sechs, kommt die kleine Hex' … (Uhrzeit)

Der Jahresrhythmus ist ein guter Ausgangspunkt, um die zeitliche Reihenbildung (Seriation) zu thematisieren. So lassen sich Geburtstage der Kinder in den Verlauf des Jahres und der Monate einordnen.

Beispiel

Wer hat zuerst Geburtstag? Wer kommt danach? Wer hat vor dir Geburtstag?

Als Ergebnis kann so ein Geburtstagskalender entstehen, der im Gruppenraum aufgehängt (Beim Basteln, Kap. 3.2) und immer wieder genutzt wird.

Eine weitere Möglichkeit zur spielerischen Förderung der Seriationsfähigkeit ist, die Erzählungen der Kinder vom Wochenende oder vom Urlaub gemeinsam in eine korrekte zeitliche Abfolge zu bringen.

Beispiel

Zuerst haben wir alle Sachen eingepackt. Danach sind wir ins Auto gestiegen. Dann sind wir losgefahren. Hinter der Schule musste Mama aber schon wieder umkehren und zurückgefahren. Wir hatten vergessen, Papa mitzunehmen.

Formen und Raum

Allein durch den Begriff Morgen*kreis* bietet es sich an, mit den Kindern unterschiedliche geometrische Formen zu thematisieren. Morgenkreise haben eine kreisförmige Anordnung, wobei die Plätze durch Sitzkissen/-matten oder Stühle sichtbar werden. Damit erfahren Kinder beinahe täglich die Kreisform durch ihr eigenes Handeln, diesen Kreis zu bilden. Denkbar ist hier eine Ergänzung um die beiden anderen Grundformen Dreieck und Viereck. Wenn plötzlich die Matten in Form eines Viereckes oder Dreieckes auf der Erde liegen, zieht das die Aufmerksamkeit der Kinder auf diese veränderte Ordnung. Solche Effekte können gut genutzt werden, um die Formen handelnd begreifbar werden zu lassen. Man kann mit diesen Formen auch spielen, indem man mit den Kindern diese Formen bildet. Zunächst können die Sitzkissen o. ä. als Hilfsmarkierungen dienen.

Beispiel

Als Ausgangspunkt kann mit der Gruppe gemeinsam ein Kreis gebildet werden, danach kann man aus dem Kreis ein Viereck oder Dreieck gestalten, indem die Kinder (und die Fachkraft) ihre Position im Raum verändern. So können fortlaufend Erkenntnisse über Formen und deren Merkmale gewonnen und angewendet werden (großer Kreis – kleiner Kreis, großes Viereck – kleines Viereck, großes Dreieck – kleines Dreieck).

Die Gruppensituation kann für vielfältige Spiele genutzt werden, die die Lage im Raum thematisieren, z. B. kann die Position der Kinder spielerisch verändert werden.

Beispiel

Alle Kinder stellen sich *hinter* den Stuhl, *auf* den Stuhl, *neben* … Ebenfalls mit räumlichen Angaben kann das Spiel 1 „Ich sehe was, das du nicht siehst" (…es liegt auf dem Schrank, …es liegt unter dem Tisch etc.), oder das Spiel 6 „Mein rechter, rechter Platz ist leer" in den Morgenkreis integriert werden.

Ebenso bieten sich Gespräche zu Erlebnissen außerhalb der Gruppe an.

Beispiel

Wo seid ihr am Wochenende/in den Ferien gewesen? Kannst du uns ungefähr beschreiben, wo das liegt? Wie bist du dorthin gekommen, seid ihr zu Fuß gegangen oder mit dem Auto/dem Zug gefahren?

Größen und Messen

In die festen Strukturen des Morgenkreises können gut Gespräche über die Zeit sowie die Möglichkeiten ihrer Messung integriert werden. Insbesondere für jüngere Kinder (drei bis vier Jahre) bietet es sich an, das Vergehen der Zeit am konkreten Objekt, z. B. durch das Abbrennen einer Kerze erfahrbar zu machen. Eine Kerze schafft zudem eine heimelige, gemütliche Atmosphäre, die lernbegünstigend wirkt.

Beispiel

Zu Beginn des Morgenkreises wird eine Kerze entzündet, die mit Zeit-Markierungen versehen ist. Für die jüngeren Kinder wird vor dem Entzünden zur Unterstützung ein farbiger Faden, der auf die Länge der Kerze geschnitten ist, vorbereitet. Am Ende des Morgenkreises wird sichtbar, dass die Kerze nun kürzer ist als der Faden. So können die Kinder zeitliche Erfahrungen kombiniert mit nicht-numerischen Mengenangaben wie länger – kürzer; weniger – mehr; größer – kleiner verinnerlichen. Die älteren Kinder können abzählend erkennen, dass Zeit vergangen ist, wenn sie die Markierungen vor und nach dem Morgenkreis zählen und die Zahlen miteinander vergleichen.

Zur Messung bieten sich ebenso Sanduhren an, die das „Vergehen" von Zeit für Kinder gut erfahrbar machen.

Mit älteren Kindern bietet es sich darüber hinaus an, mit der Uhr zu arbeiten.

Beispiel

Uhrzeit: „Jetzt ist es 9:00 Uhr. Der kleine Zeiger der Uhr steht auf der Zahl 9, der große Zeiger auf der 12."

Für Erfahrungen mit dem Thema Zeit eignet sich wiederum der Kalender. Ein Abreißkalender ist hierfür besonders hilfreich.

Beispiel

Datum: Welcher Monat ist heute? Der wievielte Tag? Welcher Tag war gestern? Welche Zahl steht auf dem Kalender für den gestrigen Tag? (Seriation)

Wenn wir das Kalenderblatt von gestern abreißen, welche Zahl steht dann auf dem Blatt?

Im Wechsel können die Kinder je ein Tagesblatt abreißen. Welcher Wochentag ist heute? Dabei werden Wochentag und die Zahl des Tages, am besten nach einem festen Satzmuster, laut gesprochen: „Heute ist Montag, der sechste." (Kinder im Vorschulalter sind bereits in der Lage, diesen Satz um den Monatsnamen zu erweitern).

Weiterhin kann mit den Kindern besprochen werden: Welcher Tag war gestern? Welcher Tag wird morgen sein? (Muster, Strukturen, nicht-numerischer Zahlaspekt). Wie viele Tage sind es bis zum Wochenende oder zu einem anderen nahenden Ereignis? (Anzahldifferenz)

Zum festen täglichen Ritual kann zudem die Messung des Regenwassers werden, das in einem festen, durchsichtigen, skalierten Behälter gesammelt wird. Er wird täglich zur gleichen Zeit „abgelesen", und die Regenmenge kann als Zahl mit in den Kalender eingetragen und mit der anderer Tage verglichen werden. Die Differenzierung erfolgt wieder durch die Unterscheidung zwischen nicht-numerischen und numerischen Zahlbegriffen.

Freispiel

Was & Warum?

Das Freispiel ist eine vom Kind selbst gestaltete Spielsituation, die häufig zahlreiche mathematische Aspekte enthält.

Beispiel

Die Kinder stapeln Bausteine (Anzahl) zu hohen Türmen (Höhe).

Jede Puppe bekommt ein Kleid (Eins-zu-Eins-Zuordnung).

Die Kinder erfinden Geschichten und bringen die einzelnen Aktivitäten in eine passende Reihenfolge (Seriation).

Aufgabe der pädagogischen Fachkräfte ist es, das Potenzial der durch die Kinder angebotenen Aspekte zu erkennen, aufzugreifen und für die mathematische Förderung zu nutzen.

Wenn ein Kind aktiv auf die pädagogische Fachkraft zugeht, lassen sich daraus gute Fördermöglichkeiten entwickeln, indem die Fachkraft auf das Kind eingeht und dabei zu mathematischen Handlungen motiviert.

Was ist aber, wenn Kinder nicht von sich aus aktiv werden? In diesem Fall bietet es sich an, Angebote in Form von Impulsen („Das ist aber ein hoher Turm."), einer Frage („Was baust du denn gerade?") oder einer weiterführenden Spielidee („Guck mal, hier könntest du noch ein Dach raufsetzen.") zu machen. Geht das Kind darauf ein, lässt sich daraus ein Gespräch oder ein gemeinsames Spiel entwickeln, in das mathematische Aspekte hineinfließen. Die pädagogischen Fachkräfte haben also auch in der Freispielsituation die Möglichkeit, die Aufmerksamkeit der Kinder auf mathematisch Bedeutsames in ihrem Spiel zu lenken und sie hierdurch mathematisch zu fördern.

Selbstverständlich können auch im Freispiel Spielimpulse gegeben werden, hierfür eignen sich Partner- und Kleingruppenspiele wie Spiel 12 oder die verschiedenen Arten von Domino (Spiele 33 und 37) oder auch Kaufmannsladen (Spiel 35).

Signalisiert das Kind jedoch, dass es gerade nicht auf das Angebot der Fachkraft eingehen möchte, ist dies im Freispiel auch zu respektieren.

Mengen, Zahlen, Operationen

Wenn ein Kind die kleinen Autos nebeneinanderstellt oder alle blauen Murmeln auf einen Haufen legt, dann kategorisiert und sortiert es. Hier kann die pädagogische Fachkraft z. B. fragen:

Beispiel

„Kann dieses Auto hier auch parken?" Das Kind schüttelt nachdrücklich den Kopf. „Nein, warum denn nicht?" „Weil das zu groß ist!" Darauf antwortet die Fachkraft: „Ach so, okay! Wenn du alle kleinen Autos geparkt hast, könnten wir ja noch einen Parkplatz für die großen Autos bauen. Was meinst du?"

Eine kurze Anregung, und die Kinder zählen alles in ihrer Umgebung: die Kinder in der Bauecke, in der Höhle oder am Tisch; die Puppen im Wagen, die Autos im Regal, die zusammengesteckten Bauklötze und vieles mehr.

Beispiel

Da stehen ja viele Autos auf eurem selbstgebauten Parkplatz. Wie viele mögen das wohl sein? (Anzahl) Kannst du sie einmal zählen? *oder* Komm, wir zählen einmal gemeinsam. (Zahlwortreihe) *oder* Auf welcher Seite stehen denn mehr Autos? (Anzahlen vergleichen) Und wie viele mehr bzw. weniger sind es? (Anzahldifferenz bilden)

Das Beispiel verdeutlicht, dass ein Kind in einer Spielsituation auf unterschiedlichen Ebenen und seinen individuellen Fähigkeiten angepasst gefördert werden kann.

Die Kinder können ebenfalls mithilfe ihrer Materialien sinnvoll Mengen miteinander vergleichen.

Beispiel

Ihr habt ja tolle Schwerter gebaut. Wie viele rote, grüne und blaue Steckwürfel hast du für das Schwert benutzt? (Anzahlen bilden, Teil-Ganzes-Verständnis) Welche Farbe taucht am häufigsten auf? (Anzahlen vergleichen) Und wer hat denn jetzt insgesamt mehr Steckwürfel für sein Schwert verwendet? (Anzahlen bilden und vergleichen)

Sobald die Kinder einmal verstanden haben, dass sie durch das Abzählen der Steckwürfel ihre Schwerter miteinander vergleichen können, ist die Wahrscheinlichkeit hoch, dass sie beim nächsten Mal ganz von allein die Steckwürfel abzählen werden und ihrer pädagogischen Fachkraft stolz das Ergebnis mitteilen. Dieses laute Abzählen eignet sich übrigens sehr gut, um zu beobachten, auf welcher Entwicklungsstufe des Zählens nach Fuson (1988) sich das Kind aktuell befindet (Kap. 1.1, Mengen, Zahlen, Operationen).

Das Zählen kann aber auch als Hilfsmittel dienen, um Spielzeug an die Kinder zu verteilen.

Beispiel

Reichen die Handpuppen beim Theaterspiel für alle Kinder, die mitspielen möchten? Bitte gib jedem Kind eine Puppe (Eins-zu-Eins-Zuordnung).

Muster und Seriation

Viele Kinder beschäftigen sich im Freispiel mit dem Perlenauffädeln oder damit, Autos aneinander zu reihen. Im Rollenspiel tun Kinder so, als ob sie Zug spielen würden. Dazu werden Stühle hintereinander gestellt, die stellvertretend für die Abteile des Zuges stehen, in den dann die Fahrgäste (einzelne Kinder oder auch Plüschtiere) ein- und aus dem sie aussteigen können. Diese Beschäftigungen sind Beispiele für die Auseinandersetzung mit der Reihenfolgebildung. Wird die Fachkraft in diese Spielaktivitäten einbezogen, kann sie das Spiel 8 anbieten oder die Kinder selbst ein Muster bilden lassen (Spiel 9).

Eine weitere beliebte Tätigkeit im Freispiel ist das Legen und Zeichnen von Mosaiken. Dabei können die jüngeren Kinder zunächst noch mit Vorlagen arbeiten, die lediglich auszumalen oder mit Stecksteinen nachzubauen sind. Ältere Kinder gestalten auch selbst kreativ Mosaike ohne Vorlage und sammeln so spielerisch Erfahrungen mit Mustern.

Formen und Raum

Im Freispiel kann sich das Kind seinen Platz im Raum selbst wählen. Daher bietet sich die Auseinandersetzung mit dem Thema Raum hier besonders an.

Beispiel

Wer möchte hier vorne am Tisch sitzen? Und wer geht hinten links in die Bauecke? Könnt ihr vielleicht zum Spielen auf den Teppich neben der Tür gehen? Dann spielt ihr nicht direkt neben den Kindern, die am Tisch in Ruhe ihr Bild malen möchten.

Schon diese Aussagen helfen den Kindern, räumliche Beziehungen wahrzunehmen. Indem sie Raum-Lage-Beziehungen auch selbst ausdrücken müssen, erweitern sie ihren Wortschatz. Aber die pädagogische Fachkraft kann auch direkte Fragen zur Raumlage stellen.

Beispiel

Wo haben wir gestern die Bilder zum Trocknen hingelegt, mit denen ihr jetzt weitermachen wollt? Wo können wir das neue Spielzeugauto hinstellen, damit auch die kleinen Kinder alleine rankommen?

Größen und Messen

Auch die Beschäftigung mit Größen findet im Freispiel ganz natürlich und ohne explizite Anregung durch die Fachkraft statt.

Beispiel

Während des gemeinsamen Konstruktionsspiels diskutieren die Kinder, ob die Bausteine lang genug für die Brücke sind und setzen sich damit auseinander, wie die Brücke noch verlängert werden kann (z. B. durch Stützpfeiler).

Aber die Fachkraft kann die Kinder auch bewusst zur Auseinandersetzung mit Größen und Messen anregen.

Beispiel

Höhe: Wie kriege ich raus, wer den höchsten Turm gebaut hat? Türme, insbesondere weit auseinanderstehende, lassen sich nicht einfach nebeneinanderstellen. Hier können die Kinder die Türme nur indirekt miteinander vergleichen. Hierfür können sie einen Stock, ein Seil oder auch ihren eigenen Körper zu Hilfe nehmen.

Länge: Wie weit entfernt ist mein Wurfobjekt vom Ziel? Was ist genauso lang wie meine Schnur? Der Umgang mit Längen wird in den Spielen 53, 56, 59 u. a. aufgegriffen.

Geld: Wieviel kosten drei Äpfel im Kaufmannsladen? Für kleine Kinder stellt die Beantwortung dieser Frage schon eine große Herausforderung dar und wird entweder mit einem willkürlichen Betrag wie 100 Euro oder als Eins-zu-Eins-Zuordnung (3 Äpfel = 3 Münzen) gelöst. Das Spiel 35 gibt auf drei Schwierigkeitslevels Möglichkeiten der Spielgestaltung, die helfen, das kindliche Verständnis für Geld zu fördern.

Die Zeit kann ebenfalls thematisiert werden. Auch für das Freispiel selbst steht nur eine begrenzte Zeit zur Verfügung.

Beispiel

Wie lange haben wir heute für das Freispiel Zeit? Wann müssen wir mit dem Spielen aufhören, damit wir noch genug Zeit zum Aufräumen haben und danach noch rausgehen können? Wie stehen dann die Zeiger der Uhr?

Alle diese Fragen können mit den Kindern gemeinsam geklärt werden. So erfahren sie den praktischen Nutzen der Zeitmessung für die weitere Planung des Tages. Indem sie ihr subjektives Erleben mit der tatsächlich vergangenen Zeit in Beziehung setzen können, erweitern sie ihr Verständnis für Zeit und Zeitspannen.

Strukturierte Situationen

Was und Warum?

Im Unterschied zur Freispielsituation gibt es im Alltag von Kindertageseinrichtungen auch eine Fülle von strukturierten Situationen. Dazu gehören zum einen gezielte Angebote oder Projekte zu mathematischen Inhalten. Zum anderen zählen zu den strukturierten Situationen auch Regelspiele, die sich zur mathematischen Förderung eignen (Beispiele hierfür in Kap. 2.3). Sie haben einen festen Anfang, folgen nachvollziehbaren Regeln und haben ein definiertes Ende. Strukturierte Spiele machen den Kindern großen Spaß. Außerdem haben sie ein großes Potenzial zur mathematischen Förderung, insbesondere von mathematischen Vorläuferfertigkeiten wie dem Zählen, dem Abzählen sowie der Simultanerfassung (Gasteiger 2014; Jörns et al. 2013; Ramani/Siegler 2008).

In Kindertageseinrichtungen ist es sinnvoll, wenn sich zumindest eine pädagogische Fachkraft am Spiel beteiligt. Sie kann die Regeln erklären, selbst als Vorbild dienen sowie die Kinder unterstützen und motivieren. Die Unterstützung der Kinder sollte angepasst an ihren Entwicklungsstand, an ihre Regelkenntnis und deren Anwendung sowie an ihre Motivation erfolgen. Zuerst werden die Rahmenbedingungen sowie die Spielregeln geklärt.

Beispiel

Was spielen wir? Wie viele können hier mitspielen? Wer spielt alles mit? Sind genug Kinder da? Sind wir zu viele, können auch zwei zusammen spielen. Wer nimmt welche Farbe? Wer fängt an?

Beim Spielen können und sollen Kinder unterstützt werden, wobei auch hier das Prinzip gilt: Soviel Unterstützung wie nötig! Anhand des Spieleklassikers

„Mensch ärgere dich nicht“ lassen sich gut vier Ebenen von Unterstützung (Gasteiger 2014) darstellen:

- Sprachliche Impulse ohne konkrete Anweisung („Was kannst du jetzt machen?“) geben den Kindern nur sehr wenig vor.
- Gezielte Impulse mit Strategievorschlag („Kannst du jemanden rauswerfen?“) enthalten bereits einen Hinweis für mögliches Handeln.
- Interaktionen mit modellierendem Charakter („Du könntest hier hin: eins, zwei, drei“, ebenso auch eigenes Handeln mit sprachlicher Begleitung) zeigen dem Kind Handlungsmöglichkeiten auf.
- Konkrete Antworten („Du kannst jetzt Malte rauswerfen“) sollten sparsam eingesetzt werden, förderlicher ist es, wenn das Kind z. B. durch Abzählen selber darauf kommt.

Muster und Seriation

Das Spielbrett ist nach einem bestimmten Muster angeordnet. Die vier Spielfiguren der Spieler werden in der Startaufstellung im Viereck aufgestellt, im Häuschen aber in Reihen. Die Reihenfolge der Spieler wird festgelegt. Bei der Beantwortung der Frage „Wer ist als Erster dran, wer als Nächster?“ spielen neben der Seriation auch Aspekte der Raumwahrnehmung eine Rolle.

Beispiel

Wer sitzt neben mir? Das Kind rechts kommt vor mir dran, das links nach mir. Wir spielen im Uhrzeigersinn – was heißt das eigentlich? Wie könnte uns der Sekundenzeiger der Wanduhr weiterhelfen?

Mengen, Zahlen, Operationen

Beim Spielen ergeben sich zahlreiche Möglichkeiten für den Umgang mit Zahlen.

Beispiel

Die Anzahl der Mitspieler und Figuren (Kardinalzahlaspekt); die Reihenfolge des Würfelns (Ordinalaspekt), Erkennen der Würfelbilder von eins bis sechs (Simultanerfassung) oder Abzählen der Würfelpunkte.

Ist die Fachkraft selbst an der Reihe, sollte sie ihr Handeln immer sprachlich begleiten.

Beispiel

Welche Zahl brauche ich, um ins Haus zu kommen? Eine Fünf. Und was kriege ich? (Jetzt wird gewürfelt.) Leider nur eine Drei. Immerhin habe ich schon eine meiner vier Figuren im Haus, drei fehlen jetzt noch. Ok, dann setze ich mal: eins, zwei, drei. Und jetzt bist du dran. (Der Würfel wird weitergereicht.) Kannst du mich rauswerfen?

Die Kinder zählen auch gerne, wie oft sie andere rausgeworfen haben. Wird mehrmals gespielt, kann mitgezählt werden, wer wie oft gewonnen hat. Über einen längeren Zeitraum kann hier auch eine Strichliste geführt werden.

Weitere geeignete Spiele sind z. B. die Halli-Galli-Spiele 22 und 23 und diverse Würfelspiele nach dem Spielprinzip des Spiels 25.

Formen und Raum

Die Figuren bewegen sich auf dem Spielbrett. Spätestens beim möglichen Rauswerfen ist entscheidend, ob eine Figur vor oder hinter der anderen steht.

Beispiel

Stell dich lieber nicht vor den Blauen, der ist als nächstes dran und könnte dich dann rauswerfen.

Größen und Messen

Der Schwerpunkt beim Spiel „Mensch ärgere Dich nicht" liegt auf dem richtigen Abzählen. Größen spielen eine untergeordnete Rolle, können aber punktuell eingebracht werden. Interessant ist beispielsweise, wie lange das Spiel noch dauert und ob die verbleibende Zeit dafür reicht, es zu Ende zu spielen.

Um Größen und Messen zu thematisieren bieten sich in strukturierten Situationen gezielte Angebote, Projekte oder Spiele zum Messen und Vergleichen an, z. B. Spiel 59).

Beispiel

Möglich ist beispielsweise die Messung des Regenwassers in einem durchsichtigen, skalierten Behälter, der täglich zu gleichen Zeit „abgelesen" wird (siehe Rituale Morgenkreis).

Aufräumen

Was & Warum?

Zum Spielen, Basteln oder Malen gehört auch das Aufräumen. Aufräumen heißt, dass alle Dinge an ihren festen Platz zurückkommen. Die Durchführung folgt einem festgelegten Ablauf, in den alle Kinder der Gruppe auf spielerische Art und Weise einbezogen werden können, damit das Aufräumen nicht zur ungeliebten Pflicht wird. Dabei ergeben sich zahlreiche Möglichkeiten, um mathematische Vorläuferfertigkeiten sowie die räumliche Orientierung zu trainieren.

Mengen Zahlen, Operationen

Das Aufräumen eignet sich hervorragend zum Sortieren und Klassifizieren.

Beispiel

Alle Bauklötzer kommen in die Bauecke. Bauklötze aus Plastik kommen in die große Kiste, die aus Holz in die kleine. Alle runden Steinchen kommen in die gelbe Kiste, alle eckigen in die rote. Alle großen Stofftiere kommen ins Regal, alle kleinen in die Stoffkiste. Die Stifte werden, nach Farben unterteilt, in Kästchen gelegt (siehe auch Spiel 2 oder Spiel 5).

Beim Aufräumen geht es häufig darum festzustellen, ob noch alle Spielmaterialien vollständig sind. Dies kann am besten durch Simultanerfassung (bei kleinen Mengen) oder Zählen überprüft werden.

Beispiel

Hat jede Puppe ihr Kleid an? (Eins-zu-Eins-Zuordnung)

Zu diesem Spiel gehören vier Karten. Sind alle da? (Abzählen)

Wie viele Karten fehlen noch? (Anzahldifferenz bilden)

Die fünf Bausteine sind zu viel für die gelbe Kiste. Pack doch lieber drei davon in die rote. (Mengenzerlegung, Teil-Ganzes-Beziehung)

Muster und Seriation

Die Stäbchen gehören, nach Größe geordnet, in die Schachtel (Seriation). Die pädagogische Fachkraft kann das Aufräumen auch mit einem Zahlenspiel verbinden (in Anlehnung an Spiel 55).

Muster zeigen sich insbesondere am Ritual des Aufräumens, in seinem festen und wiederkehrenden Ablauf. Zudem gibt es jede Menge Spiele, die nach einem vorgegebenen Muster in Packungen eingeordnet sind.

Formen und Raum

Beim Aufräumen werden die Materialien von einem Ort an einen anderen gebracht. Die Kinder bewegen sich und die Materialien also im Raum. Hier ist es wichtig zu überprüfen, ob ihnen diese räumlichen Veränderungen der Gegenstände bewusst sind und ob sie sie in Worte fassen können. Als Fragen bieten sich hier an:

Beispiel

Wohin gehört dieses Spielzeug? Wohin kommen die runden Formen, wohin die eckigen? Welches Spielzeug steht oben auf dem Regal, welches unten?

Wo hast du das kleine Auto zuletzt gesehen? Und wohin ist denn bloß das kleine Flugzeug gesegelt? Ob es vielleicht oben auf dem Schrank liegt?

Größen und Messen

Auch Größen, insbesondere Länge, Gewicht und Zeit, spielen beim Aufräumen eine Rolle.

Beispiel

Das große Bauwerk mit der langen Mauer kann noch stehenbleiben. Da haben die drei Kinder heute früh sehr lange dran gearbeitet und wollen am Nachmittag noch weitermachen.

Der Eimer ist ganz schön schwer. Den tragen die großen Jungen in die Ecke.

Weiterhin ist die Zeit beim Aufräumen ein wichtiges Thema, bei dem die Kinder aktiv und spielerisch einbezogen werden können.

Beispiel

Was kann man in einer Minute schaffen? Wenn der Sekundenzeiger oben auf der Zwölf steht, fangen wir an. Und mal schauen, ob nach einer Minute, also, wenn er einmal rumgelaufen ist, alle Bausteine weggeräumt sind.

Was meint ihr, wie lange heute das Aufräumen dauert? Sind wir schneller als gestern? Gestern haben wir es in einer Minute nicht geschafft.

Schafft ihr es, in fünf Minuten aufzuräumen? (Fünf-Minuten-Sanduhr zum Veranschaulichen)

Mahlzeiten

Was & Warum?

Essenssituationen sind ein prototypisches Beispiel für Rituale, die in den täglichen Gruppenablauf fest eingebunden sind. Ihr Ablauf ist stark strukturiert. Während das Aufdecken häufig einzelnen Kindern – dem Tischdienst – übertragen wird oder die Fachkräfte das Auffüllen übernehmen, finden die weiteren Aktivitäten in der ganzen Gruppe statt. Der Ablauf folgt festen Mustern: Nach dem Auffüllen wird ein Tischspruch aufgesagt. Manche Gruppen haben ein Repertoire an möglichen Sprüchen, auf das sie regelmäßig zurückgreifen und aus dem beispielsweise ein Kind einen Spruch auswählen und vortragen kann. Andere Gruppen sagen Reime zu aktuellen Themen auf oder nutzen Fingerspiele. Gemeinsam ist allen das Strukturgebende, die Kinder wissen: Nach dem Tischspruch darf jeder mit dem Essen beginnen. Ebenso gibt es ein Ritual für das Abräumen, das oftmals darin besteht, dass jedes Kind, das fertig ist, seinen Teller auf den Geschirrwagen stellt und die Essenssituation verlassen darf. Hier genügt meist ein kurzer Hinweis der pädagogischen Fachkräfte, um den Kindern dies bewusst zu machen.

Mengen, Zahlen, Operationen

Bereits das Aufdecken bietet gute Möglichkeiten, die kindlichen mathematischen Kompetenzen zu fördern. Voraussetzung hierfür ist jedoch, dass die Verantwortung für das Aufdecken dem Tischdienst übertragen wird, der natürlich von der pädagogischen Fachkraft unterstützt wird. Mithilfe eines bebilderten Speiseplans können die Kinder des Tischdienstes selbst herausfinden, welches Geschirr und welches Besteck benötigt werden (Vorlage „Tischdienst“ im Online-Material).

Beispiel

Der Tischdienst ermittelt die Anzahl der anwesenden Kinder (Abzählen).

Der Tisch wird gedeckt, wobei jedes Kind genau einen Teller, einen Becher sowie einmal Besteck erhält (Eins-zu-Eins-Zuordnung).

Die Kinder können entscheiden, ob sie eine große oder eine kleine Menge einer bestimmten Speise haben wollen (Größen-/Mengenvergleich).

Die pädagogische Fachkraft kann beim Auffüllen behilflich sein, indem sie z. B. ein Kind fragt, ob es sich nicht noch mehr nehmen will oder zu viel genommen hat (Umgang mit Mengen) oder der Teller nicht vielleicht schon zu voll ist (Größen).

Wenn die pädagogischen Fachkräfte den Kindern selbst das Essen auffüllen, sollten sie zu jedem einzelnen Kind kurz Kontakt aufnehmen und die Essensmenge klären.

Beispiel

Wie viel möchtest du (viel oder wenig Kartoffelbrei oder Gemüse bei nicht zählbaren Mengen bzw. wie viele Fischstäbchen, Klöße usw. bei zählbaren Mengen)?

Formen und Raum

Bei den Mahlzeiten können mit den Kindern gemeinsam auf dem Tisch verschiedenste Formen entdeckt und thematisiert werden.

Beispiel

Runde Teller, viereckige Tischsets, viereckige Fischstäbchen, dreieckige Rösti-Ecken, runde Erbsen …

Auch bei der Sitzordnung sind mathematische Aspekte relevant.

Beispiel

Können die Kinder beschreiben, welcher Platz der ihre ist und wer neben ihnen bzw. ihnen gegenüber sitzt? (Raum-Lage-Bestimmungen)

Sofern eine feste Sitzordnung besteht, kann diese auf einem Lageplan mit Bildern und Namen der Kinder festgehalten werden.

Größen und Messen

Bei den Mahlzeiten spielen Größen eine wichtige Rolle. So werden das Aufdecken und Auffüllen maßgeblich durch Größen und deren Vergleich bestimmt.

Beispiel

Bereits beim Aufdecken wählen die Kinder zwischen großen und kleinen Löffeln, flachen und tiefen Tellern sowie großen und kleinen Bechern. Bei schweren Tellern oder Schüsseln nehmen die Kinder sehr deutlich wahr, wie viel sie tragen können oder was vielleicht auch zu schwer für sie ist (Gewicht).

Beim Eingießen dürfen die Becher nicht zu voll gegossen werden (Volumen).

Grundsätzlich spielt für alle strukturierten Vorgänge die Zeit eine wichtige Rolle.

Beispiel

Wann wird gegessen? Was passiert davor, was danach? Wie viel Zeit steht der Gruppe zum Essen zur Verfügung? Und wie stehen die Zeiger der Uhr zum Beginn und am Ende der Mahlzeit?

Beim Basteln

Was & Warum?

Zum Basteln gehören sowohl angeleitete als auch freie Angebote zum Gestalten und Bearbeiten von Materialien. Gearbeitet wird meist in einer Kleingruppe am Tisch. Den Kindern stehen hierbei Kleber, Schere, Papier, Stempel, Textilien, Glitzersteine, Perlen usw. zur Verfügung, mit denen sie eigene Ideen umsetzen oder nach Vorlage etwas basteln können.

Die pädagogischen Fachkräfte geben Hilfestellungen und Anregungen zur Verarbeitung der verschiedenen Materialien, beobachten die Kinder und stellen ggf. mathematische Aspekte der Aktivitäten heraus bzw. ermuntern und bestärken die Kinder in der Auseinandersetzung mit mathematischen Aspekten ihrer Basteltätigkeit.

Muster und Seriation

Beim Basteln ergeben sich zahlreiche Möglichkeiten zum Thematisieren des Aspektes Seriation.

Beispiel

Besonders beliebt bei Mädchen ist die eigene Herstellung von Schmuck. Dabei werden Perlen unterschiedlicher Größe, Farbe und Form auf einen Faden aufgefädelt. Durch deren Aneinanderreihung entstehen ebenfalls schöne Muster.

Solche Ketten lassen sich auch nach einer Vorlage basteln. In diesem Fall müssen die Kinder das dargestellte oder abgebildete Muster erkennen und mit den zur Verfügung stehenden Materialien wiederholen.

Beispiel

„Schau mal Lea: Bei diesem Muster wechseln sich jeweils zwei Perlen und eine Blume ab.“ (Vorlagen für große und kleine Muster im Online-Material)

Abb. 18: Muster

Die Kinder können auch eigene Mustervorlagen mit Formen oder anderen Materialien gestalten, die anschließend laminiert werden und allen Kindern als Legespiele zur Verfügung stehen.

Beispiel

„Anna, da hast du aber ein schönes Muster gestempelt! Kannst du es mir beschreiben? Vielleicht können wir das als Vorlage für die anderen Kinder benutzen, was meinst du?“

Ebenso lässt sich die Abfolge der einzelnen Bastelschritte thematisieren (Seriation).

Beispiel

Um sie für die Kinder verständlich zu machen, kann eine Bastelanleitung mit Bildern erstellt werden. Darin können die Kinder eingebunden werden, indem sie ihre eigene Bastelarbeit Schritt für Schritt fotografisch festhalten. Anschließend werden die Bilder in der richtigen Reihenfolge auf ein Papier geklebt und zusätzlich mit Zahlen beschriftet.

Ein schönes Beispiel für eine gemeinsame Aktivität einer Kindergruppe ist der Fisch in Abbildung 19: Die Fachkraft bereitet den Kopf eines Fisches vor. Danach bekommt jedes Kind ein A4-Blatt, welches es mit einem beliebigen Muster bemalen (gestalten) kann. Diese Blätter bilden zum Schluss (in Form geschnitten) alle gemeinsam die Schuppen des Fisches.

Mengen, Zahlen, Operationen

Damit jedes Kind selbstständig arbeiten kann, werden entsprechende Materialien benötigt, die ausgewählte Kinder an alle verteilen können.

Abb. 19: Fisch mit Mustern

Beispiel

Zuerst muss die genaue Anzahl der Kinder bestimmt (Abzählen), dann müssen die Materialien in der richtigen Anzahl geholt und verteilt werden (Eins-zu-Eins-Zuordnung). Schwieriger wird es, wenn jedes Kind zwei Blatt Papier bekommen soll und die Kinder überlegen, wie sie hier die richtige Anzahl an Blättern heraussuchen können.

Die Bastelarbeiten können im Anschluss auf vielfältige Weise miteinander verglichen werden.

Beispiel

Wer hat mehr Sterne benutzt? Wer hat die meisten Frösche gebastelt? Wo sind die wenigsten Kreise zu sehen?

Formen und Raum

Die geometrischen Grundformen spielen beim Gestalten eine entscheidende Rolle. So ergibt sich immer wieder die Gelegenheit, Formen zu benennen, in ihren Merkmalen zu beschreiben, sie zu vergleichen oder mit typischen Gegenständen zu verknüpfen.

Beispiel

Ein Rad ist rund wie ein Kreis. Oder: Der Kreis ist rund, genauso wie ein Rad. Das Viereck hat vier Ecken, wie ein Buch.

Ganze Bilder lassen sich aus wenigen Grundformen erstellen.

Beispiel

Bilder aus Formen

Welchen Gegenstand erkennt ihr auf dem Blatt, das Anna beklebt hat? Ich sehe ein Gesicht: Der Kreis sieht aus wie ein Kopf, das Dreieck darüber wie ein Hut (Formen).

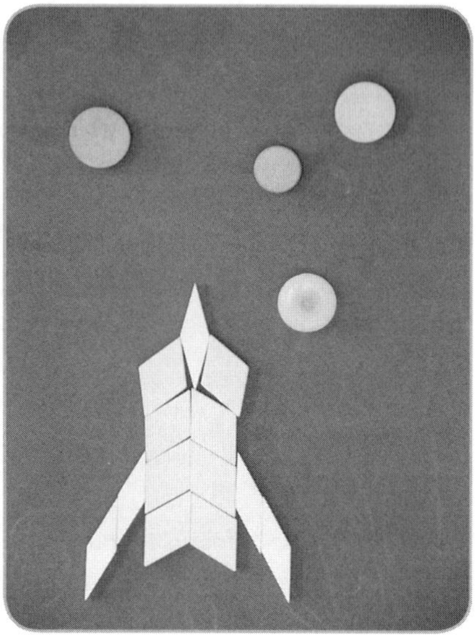

Abb. 20: Drache aus Grundformen

Abb. 21: Rakete aus Grundformen

Mit älteren Kindern können auch bereits Beziehungen zwischen den einzelnen Formen erarbeitet werden.

Beispiel

Wenn ich ein Viereck schräg auseinanderschneide, entstehen zwei Dreiecke. Wenn ich zwei Dreiecke aneinanderlege, was entsteht dann?

Wie viele Ecken haben diese Formen? Das sind alles Vierecke, obwohl sie ganz unterschiedlich aussehen.

Auch die räumliche Anordnung der Formen kann beschrieben werden.

Beispiel

Ich kann eine Blume legen, indem ich um eine Mitte (Sechseck) lauter weitere Formen (Dreiecke, Vierecke) anordne.

Abb. 22: Blume aus Grundformen

Beim Sport

Was & Warum?

Sportangebote legen ihren Fokus zwar auf die Motorik, können aber sehr gut mit mathematischen Inhalten verknüpft werden.

Muster und Seriation

Charakteristisch für Sportübungen sind Bewegungsmuster.

Beispiel

Hampelmann (Arme auseinander-zusammen); Rumpfbeugen (Oberkörper hoch-runter); gelaufen wird im Zickzack oder Slalom …(Muster)

Auch Reihenbildungen lassen sich zahlreich finden.

Beispiel

Bälle lassen sich nach Gewicht oder nach Größe sortieren (Seriation); die Kinder stellen sich in einer „Riege" auf (Seriation).

Mengen, Zahlen, Operationen

Beim Sport ergeben sich vielfältige Möglichkeiten zum Umgang mit Mengen und Zahlen.

Beispiel

Jedes Kind nimmt sich einen der Bälle (Eins-zu-Eins-Zuordnung). Zum Aufwärmen werden klassischerweise Runden gelaufen (Anzahl). Ein Hindernis muss zweimal durchlaufen werden (Operatorzahl).

Gerade die Mannschaftsbildung erlaubt den spielerischen Umgang mit den Zahlaspekten.

Beispiel

Zwei Mannschaften werden abgezählt, indem jeder Erste der einen, jeder Zweite der anderen Mannschaft angehört (Ordinalzahl).

In einem Bewegungsspiel laufen die Kinder im Raum herum und bilden auf Kommando Zweier-, Dreier- oder Viererteams (Kardinalzahl). (Die pädagogische Fachkraft sagt jeweils eine Zahl, die angibt, wie groß die Gruppen werden sollen. Dann finden sich die Kinder in der vorgegebenen Gruppengröße zusammen.)

Formen und Raum

Beim Erläutern von Sportübungen spielen Raumangaben eine wesentliche Rolle.

Beispiel

Hindernisparcours: Über den ersten Hocker klettert ihr drüber, unter dem zweiten krabbelt ihr durch, um den dritten lauft ihr herum und kommt dann zurück.

Größen und Messen

Im sportlichen Wettkampf sind Größen entscheidend:

Beispiel

Wer wirft am weitesten? Wer durchquert den Parcours am schnellsten?

Zum Messen können sowohl Körpermaße als auch Messinstrumente zum Einsatz kommen.

Expedition durch unseren Ort

Was & Warum?

Gemeinsame Entdeckungstouren durch den Heimatort können Kindern zeigen, dass mathematische Inhalte überall im Alltag eine wichtige Rolle spielen. Solche Touren eignen sich zum gemeinsamen Entdecken und Erleben sowie für Gespräche mit der ganzen Gruppe über die „Entdeckungen" der Kinder.

Muster und Seriation

Die Umgebung ist im Großen wie im Kleinen voller Muster und Strukturen.

Beispiel

So weisen verschiedene Bäume Unterschiedlichkeiten in der Musterung ihrer Blätter auf und die Blätter verschiedener Blumen sind unterschiedlich, aber regelmäßig angeordnet.

Die visuellen Erfahrungen können durch Tasterfahrungen ergänzt werden, denn manche Muster und Strukturen kann man besser fühlen als sehen.

Beispiel

Wie fühlt sich das Kopfsteinpflaster unter den Füßen an? Worin unterscheidet es sich vom Asphalt? Welches Muster haben die Pflastersteine, welches die Randsteine?

Wegebeschreibungen sind gut geeignet, eine bestimmte zeitliche Reihenfolge zu demonstrieren (Seriation).

Beispiel

Zuerst laufen wir zur Straßenbahn. Dann steigen wir beim Park aus und gehen zum Spielplatz. Danach schauen wir uns den neuen Springbrunnen an.

Mengen, Zahlen, Operationen

Klassischerweise laufen die Kinder bei Ausflügen in der Stadt in einer bestimmten Ordnung.

Beispiel

Wir laufen zu zweit (Anzahl). Wer darf heute Erster sein? Wer ist als Erster am Spielplatz (Ordinalzahl)?

Ein für die pädagogische Fachkraft sehr wichtiges Ritual ist das Zählen der Kinder, denn keines darf verloren gehen. Auch das kann gemeinsam mit den Kindern durchgeführt werden.

Beispiel

Bitte zählt doch einmal durch, ob alle da sind. Malte, du fängst an. Wie viele Kinder haben wir am Anfang gezählt? Sind alle Kinder da?

Weiterhin können die Kinder feste Gegenstände wie Häuser, Bäume und Blumen oder bewegliche Objekte wie die vorbeilaufenden Menschen, die vorbeifahrenden Autos oder die Flugzeuge am Himmel zählen. Einige Kinder haben schon allein daran großen Spaß. Damit für die anderen daraus kein monotones Abzählen wird, kann das Zählen mit einer Bedeutung verknüpft werden.

Beispiel

Wenn wir jetzt noch fünf Seitenstraßen überqueren, machen wir eine kurze Pause und ich zeige euch etwas.

Hier können die Kinder sowohl zum einfachen Abzählen (Wie viele Straßen haben wir bereits?), zum Benennen der Ordnungszahlen (Die wievielte Straße ist das jetzt?) als auch zum Rückwärtszählen (Wie viele fehlen noch?) animiert werden.

Es lassen sich auf der Expedition auch Zahlen entdecken.

Beispiel

Was steht denn da auf dem Haus? Was bedeutet die Zahl auf dem Haus? Und welche Zahl steht wohl auf dem Nachbarhaus links/rechts daneben?

Abb. 23: Haus Nr. 1
Abb. 24: Haus Nr. 9
Abb. 25: Haus Nr. 3

Formen und Raum

Die Kinder bewegen sich durch ihren Ort und lernen dabei, sich zu orientieren.

Beispiel

Welchen Weg gehen wir und wohin könnte er uns führen? Kommen wir auch auf dieser Straße zum großen Spielplatz?

Sie begegnen vielen Formen, z. B. von Verkehrsschildern. Auch diese können benannt und beschrieben werden.

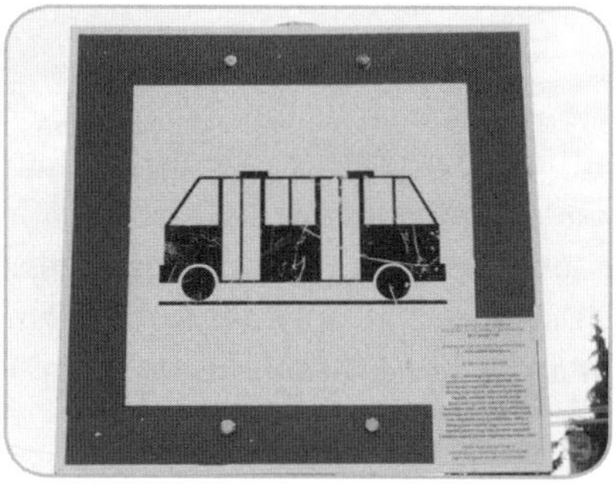

Abb. 26: Viereckiges Verkehrsschild

Abb. 27: Rundes Verkehrsschild

Abb. 28: Viereckiges und rundes Verkehrsschild

Abb. 29: Dreieckiges Verkehrsschild

Beispiel

Wie sieht denn dieses Verkehrsschild aus? Könnt ihr mir das mal beschreiben?

Ergänzend können die Kinder nach gleichen Formen in der Umgebung Ausschau halten (Vorlagen zu „Formen“ und „Körper“ im Online-Material).

Beispiel

Wer sieht noch ein viereckiges Verkehrsschild? Wer findet als erster ein rundes Schild?

Größen und Messen

Bei Expeditionen auf unbekannten Wegen oder ohne vorher festgelegtes Ziel sind immer wieder zwei Fragen zu hören:

Beispiel

Dauert es noch lange? Ist es noch weit?

Damit sprechen die Kinder ganz von allein zwei wesentliche Größen an: die Zeit, die sie noch unterwegs sein werden, und die Länge des Weges. Hier können ihnen zeitliche Vergleiche oder konkrete räumliche Bezugspunkte helfen.

Beispiel

Die Hälfte des Weges haben wir schon geschafft. Wir müssen noch bis zu dem großen Baum da hinten, dann sind wir da. Hinter der fünften Straßenlaterne biegen wir links ab, dort ist der Spielplatz.

Exkursionen eignen sich, gerade für größere Kinder, auch für erste Erfahrungen im Umgang mit Geld.

Beispiel

Wie viel kostet ein Eis? Wir haben zehn Euro, reicht das für zehn Kinder?

Abb. 30: Umgang mit Geld

Gemeinsam musizieren

Was & Warum?

Kinder lieben Musik. Sobald ein bekanntes Kinderlied angestimmt wird, singen die meisten Kinder gerne mit. Kinderlieder haben eine einfache Struktur und eingängige und wiederkehrende Melodien. Sie greifen Themen aus der Lebenswelt der Kinder auf, dabei ist die Sprache dem kindlichen Verständnis angepasst. Außerdem können die Lieder mit Gesten, Bewegungen oder Instrumenten kombiniert werden, hierdurch werden mehrere Sinne gleichzeitig angesprochen. Da sich zu so gut wie jedem Thema ein passendes Kinderlied finden lässt, bieten sich viele Möglichkeiten, Kinderlieder regelmäßig in den Alltag zu integrieren.

Muster und Seriation

Kinderlieder sind nach einem festen Muster aufgebaut: Strophe (wiederkehrende Melodie, unterschiedlicher Text) und Refrain (wiederkehrende Melodie, wiederkehrender Text). Andere Regelmäßigkeiten in den Liedern werden von den Kindern intuitiv erfasst, können ihnen aber auch leicht veranschaulicht und dadurch bewusst gemacht werden.

Beispiel

So ist das Prinzip Vorsingen – Nachsingen beim Lied „Ich bin ein Musikante“ für Kinder sehr leicht umsetzbar und kann durch das Zeigen auf die jeweils singende Einzelperson bzw. die singende Gruppe unterstützt werden.

Bei „Jetzt fahr’n wir übern See“ ist es durch das mehrmalige Wiederholen gar nicht so einfach, das Muster zu entdecken. Wann wird der See nun weggelassen, wann nicht? Den kleinen Kindern kann hier ein Handsignal helfen, die richtige Stelle für die Pause zu finden.

Das Prinzip Vorsingen-Nachsingen lässt sich auch auf geklatschte oder geklopfte Rhythmen übertragen, die die Kinder wiederholen. Diese Muster können auch mit Punkten und Strichen veranschaulicht werden, um den Kindern die Wiedergabe zu erleichtern.

Wie bereits in der Situation Morgenkreis beschrieben, stellen Lieder auch eine gute Lerngelegenheit dar. Neben den klassischen Lernliedern zum Thema Zeit (Jahreszeiten, Monate, Wochentage, Geburtstage) tragen aber auch vertonte Geschichten („Hänsel und Gretel“) zum Zeitverständnis bei, indem Ereignisse in eine zeitliche Abfolge gebracht werden. Dies kann zusätzlich durch Bilder, die von den Kindern in die richtige Reihenfolge gelegt werden sollen, veranschaulicht werden.

Mengen, Zahlen, Operationen

Viele Lieder enthalten bereits selbst mathematische Aspekte, mit denen gearbeitet werden kann:

Beispiel

So kann das Lied „Mein Hut, der hat drei Ecken“ (Anzahl, Form) durch Bewegungen zum Kopf (Hut), dem Zeigen von drei Fingern (drei) und das Antippen des Ellenbogens (Ecken) verdeutlicht werden. Anschließend können die Kinder überlegen, wie dieser Hut wohl aussehen muss und versuchen, ihn selbst einmal zu basteln. Weiterhin können sie herausfinden, wie viele Ecken andere Gegenstände in ihrem Gruppenraum haben, z.B. der Tisch oder ein Würfel. Sie können vergleichen, welcher Gegenstand mehr, weniger oder gleich viele Ecken hat wie ein anderer.

Neben den Aspekten, die den Liedern durch ihren Text selbst innewohnen, gibt es vielfache weitere Möglichkeiten, mathematische Aspekte zu thematisieren:

Beispiel

Beim Singen können die Strophen gezählt werden (Zahlwortreihe und Anzahl). Wenn zusätzlich Instrumente genutzt werden, können die pädagogischen Fachkräfte den Kindern die Frage stellen, ob für alle genügend Instrumente zur Verfügung stehen (Eins-zu-Eins-Zuordnung, Vergleich oder Differenz von Anzahlen).

Größen und Messen

Musik enthält viele zeitliche Aspekte: So gibt es z.B. schnelle Lieder oder langsame Lieder. Die Tonlänge ist entscheidend für ein Lied, damit der Text passt usw. Es bietet sich an, Musik mit konkreten zeitlichen Erfahrungen zu verknüpfen:

Beispiel

Für Kinder meist mit viel Spaß verbunden ist, mit ihnen bekannte Lieder einmal besonders schnell oder besonders langsam zu singen und dabei zu beobachten, wie unterschiedlich lang es dauern kann, eine bekannte Strophe zu singen. Hierfür kann der Sekundenzeiger der Wanduhr genutzt werden, der, bei Zwölf beginnend, bei der langsamen Version einer Strophe einen weiteren Weg zurücklegen muss als bei der schnell gesungenen Variante. Welche Erklärung haben die Kinder dafür?

Ebenso kann der zeitliche Aspekt von Musik auch körperlich erfahrbar gemacht werden:

Beispiel

Lange Töne werden mit schnellen, kurze Töne mit langsamen Bewegungen kombiniert. Eine Bewegung wird während der gesamten Dauer eines Liedes durchgeführt.

4 Spielesammlung

Die folgende Spielesammlung umfasst Spiele und Förderanregungen, die den im Kapitel 1 dargestellten mathematischen Basiskompetenzen und deren Inhaltsbereichen a) Mengen, Zahlen, Operationen, b) Formen und Raum sowie c) Größen und Messen zugeordnet sind. Jedes Spiel wird kurz in seiner Durchführung beschrieben und Zeit, Material sowie mögliche Gruppengröße werden angegeben. Ebenso werden zahlreiche Differenzierungsmöglichkeiten und konkrete Förderziele aufgezeigt.

Ein kleiner Teil der Spiele sind Lernspiele in dem Sinne, dass sie mit didaktischer Absicht zur gezielten Förderung bestimmter Kompetenzen und Fähigkeiten entwickelt wurden. Bei den meisten Spielen jedoch handelt es sich um bereits bekannte und beliebte Kinderspiele. Hierbei ist es Ziel, die Förderpotenziale, die diesen Spielen innewohnen, explizit deutlich zu machen, zu systematisieren und Möglichkeiten zum differenzierten Einsatz aufzuzeigen.

Ein zentraler Gedanke dieser Spielesammlung ist, den Kindern die *hinter* den Spielen stehende mathematische Idee bewusst zu machen. Zwar wird vieles gleichsam „nebenbei“ gelernt, aber nicht alle Kinder lernen allein durch das Turmbauen etwas über die Höhe. Erst dann, wenn Türme miteinander verglichen oder wenn über ihre unterschiedliche Höhe gesprochen wird, können sich dem Kind die Konzepte Länge und Höhe erschließen. Dementsprechend wird nicht nur die Durchführung der Spiele beschrieben, sondern zu jedem Spiel werden zahlreiche Anregungen und Impulse für Gespräche mit den Kindern gegeben.

4.1 Mengen, Zahlen, Operationen

Spiel 1: Ich sehe was, das du nicht siehst …

Materialien: keine

Zeit: beliebig
Gruppengröße: beliebig
Schwierigkeit: ★ bis ★★★

Durchführung: Die pädagogische Fachkraft und die Kinder sitzen im Kreis. Die Fachkraft beginnt und sagt: „Ich sehe was, das ihr nicht seht, und das ist …" Hier können Farben, Formen, die Oberfläche, die Größe, die Anzahl oder andere sichtbare Merkmale ausgewählt werden. Das Kind, das als erstes den Gegenstand errät, den die Fachkraft „sieht", ist als nächstes dran.

Leicht: *Es werden klar erkennbare Merkmale wie Farbe, Form (rund/eckig) oder Oberfläche beschrieben.* ★
Mittel: *Es werden Merkmale wie die Anzahl oder konkrete Formen (Kreis, Dreieck, Viereck) beschrieben. Hinweise auf die Lage im Raum können gegeben werden.* ★★
Schwer: *Es werden zwei Eigenschaften kombiniert, wie Farbe und Form (z.B …. und das ist ein gelber Kreis).* ★★★
Weitere Variationen: *Anstelle der Merkmale können auch Positionen der Gegenstände beschrieben werden, z.B. neben dem Regal, auf dem Tisch.*

Förderziele

Objekte aufgrund spezifischer Merkmale erkennen, Objekte in eine Kategorie einordnen (Klassifizieren)

Spiel 2: Aufräumspiel

Materialien: Würfel mit Farben

Zeit: 10–20 Min.
Gruppengröße: sechs Kinder
Schwierigkeit: ★

Durchführung: So kann auch das Aufräumen Spaß machen: Jedes Kind würfelt eine Farbe. Danach sucht sich jeder eine vorher festgelegte Anzahl Spielzeuge/Materialien in „seiner" Farbe und räumt sie an ihren Platz zurück. Das Spiel wird solange fortgeführt, bis der Raum aufgeräumt ist.

Förderziele

Objekte aufgrund spezifischer Merkmale und sortieren

Spiel 3: Abräum-Würfeln

Zeit: 5–10 Min.
Gruppengröße: ab zwei Kindern
Schwierigkeit: ★

Materialien: ein Würfel pro Tisch

Durchführung: Nach gemeinsamen Mahlzeiten wird an jedem Tisch gewürfelt. Jedes Kind muss/darf so viele Gegenstände vom Tisch ab- und in die Geschirrspülmaschine einräumen, wie es Augen gewürfelt hat.

Förderziele

Simultanerfassung von Würfelbildern, Umgang mit der Zahlwortreihe von eins bis sechs

Spiel 4: Grün, grün, grün sind alle meine Kleider …

Zeit: 10–20 Min.
Gruppengröße: beliebig
Schwierigkeit: ★

Materialien: keine

Durchführung: Alle Kinder stehen in einem Kreis und singen gemeinsam das bekannte Lied „Grün, grün, grün sind alle meine Kleider". Jedes Kind, das ein Kleidungsstück in der besungenen Farbe trägt, flitzt in den Kreis und hüpft/springt/tanzt, bis die nächste Strophe gesungen wird und eine andere Farbe „an der Reihe" ist.

Förderziele

Objekte aufgrund spezifischer Merkmale erkennen und sortieren

Spiel 5: Heinzelmännchen

Zeit: 10–20 Min.
Gruppengröße: 2–8 Kinder
Schwierigkeit: ★ bis ★★★

Materialien: ein Kasten mit mehreren Fächern oder mehrere kleine Kästchen, verschiedene kleine Gegenständen, z. B. Knöpfe, Eicheln, Murmeln, Muggelsteine, Würfel

Durchführung: Die pädagogische Fachkraft erzählt die folgende Rahmengeschichte: „Im Tante-Emma-Laden war in der letzten Nacht ein Kobold und hat alles durcheinandergebracht. Oje! Wenn Tante Emma nachher in ihren Laden kommt, findet sie nichts mehr wieder. Wie soll sie dann die Sachen verkaufen? Zum Glück gibt es die kleinen Heinzelmännchen, die die Gegenstände ganz schnell wieder in die Kästchen einsortieren können."

Leicht: *Gegenstände werden nach einem Merkmal (Farbe, Form) sortiert.* ★
Mittel: *Gegenstände werden nach mehreren Merkmalen (Kugeln aus Holz) sortiert.* ★★
Schwer: *Gegenstände werden nach Unterkategorien sortiert (alles, was man zum Basteln braucht) sortiert.* ★★★

Objekte aufgrund spezifischer Merkmale erkennen und sortieren, in eine Kategorie einordnen (Klassifizieren)

Förderziele

Spiel 6: Mein rechter, rechter Platz ist leer …

Zeit: 10–20 Min.
Gruppengröße: 5–15 Kinder
Schwierigkeit: ★ bis ★★★

Materialien: Stühle (einer mehr als mitspielende Personen)

Durchführung: Alle Kinder sitzen im Stuhlkreis. Ein Stuhl bleibt frei. Das Kind, dessen rechter Stuhl frei ist, beginnt und sagt: „Mein rechter, rechter Platz ist frei, ich wünsche mir den Moritz herbei. Und Moritz soll mir etwas Rotes mitbringen." Moritz muss nun im Gruppenraum etwas Rotes finden. Eine andere Variante ist „Mein rechter, rechter Platz ist leer, ich wünsche mir jemand mit roter Hose her." (Tragen mehrere Kinder ein genanntes Kleidungsstück in gleicher Farbe, entscheidet die Geschwindigkeit.) Das Spiel kann in beliebig vielen Durchgängen fortgesetzt werden.

Leicht: *Die Kinder wählen nur die Farbe aus.* ★
Mittel: *Die Kinder wählen die Form (bei Legosteinen deren Größe) aus.* ★★
Schwer: *Die Kinder benennen zwei Eigenschaften, z.B. „ein roter Kreis".* ★★★
Weitere Variationen: *Die Kinder nennen andere Merkmale wie „etwas Schweres", „etwas Glattes" oder Kategorien (etwas, was man zum Basteln braucht), oder Gegenstände werden nicht im Gruppenraum gesucht, sondern bereits im Kreis zur Auswahl bereitgelegt.*

Objekte aufgrund spezifischer Merkmale erkennen und sortieren, in eine Kategorie einordnen (Klassifizieren)

Förderziele

Spiel 7: Alle Vögel fliegen hoch …

Zeit: 10–15 Min.
Gruppengröße: beliebig
Schwierigkeit: ★ bis ★★★

Materialien: für ältere Kinder: keine; für die jüngeren Kinder: Bildkarten

Durchführung: Alle Kinder sitzen im Kreis. Jedem Kind wird ein Tier zugeordnet (Meise, Specht, Ente, Reh, Bär, Delfin …) bzw. sie suchen sich selbst Tiere aus. Die Fachkraft ruft nun: „Alle Vögel fliegen hoch“, woraufhin alle Kinder, denen der Name eines Vogels zugeordnet ist, die Arme hochstrecken. Die Fachkraft ruft nun: „Alle Tiere im Wasser schwimmen los“, woraufhin alle Kinder, denen Tiere zugeordnet sind, die schwimmen können, eine verabredete Bewegung vollziehen …

★ **Leicht:** *Die Kinder erhalten Bildkarten entsprechend der zugeordneten Tiere zur Orientierung.*
★★ **Mittel:** *Die beschriebene Spielvariante ist als mittel einzustufen.*
★★★ **Schwer:** *Den Kindern werden seltene oder nicht eindeutige Tiere zugeordnet.*
Weitere Variationen: *Es kann auch mit Formen und Farben gespielt werden. Die Kinder sind dann Dreiecke, Vierecke, Kreise, Quadrate oder rot, grün, blau, gelb.*

Förderziele

Objekte in eine Kategorie einordnen (Klassifizieren)

Spiel 8: Auf Fehlersuche

Zeit: 10–20 Min.
Gruppengröße: 2–8 Kinder
Schwierigkeit: ★ bis ★★★

Materialien: Muggelsteine / Perlen unterschiedlicher Farben (Vorlagen für Formenketten im Online-Material)

Durchführung: Die pädagogische Fachkraft legt mit den Steinen / Perlen ein Muster der Form A-B-A-B, z.B. rot-blau-rot-blau-(*grün*)-rot-blau. Aber es hat sich ein Fehler eingeschlichen. Welches Kind findet ihn?

★ **Leicht:** *Es wird ein regelmäßiges, einfaches Muster gelegt, dazwischen befindet sich ein Stein falscher Farbe.*
★★ **Mittel:** *Es wird ein regelmäßiges, komplexeres Muster gelegt, dazwischen befindet sich ein Stein falscher Farbe. A-A-B-C-A-A-B-C-A-A-B-C etc.*
★★★ **Schwer:** *Ein Kind denkt sich selbst ein Muster aus und baut dort einen Fehler ein.*
Weitere Variationen: *Dieses Spiel kann nach gleichem Prinzip mit fehlerhaft gelegten Zahlsymbolreihen durchgeführt werden.*

Muster (und Abweichungen) erkennen

Förderziele

Spiel 9: Musterkinder

Materialien: beliebiges Material möglich

Zeit: 10– 20 Min.
Gruppengröße: mind. 5
Schwierigkeit: ★ bis ★★★

Durchführung: Die Kinder begeben sich selbst in ein Muster: „Wir bilden jetzt eine Schlange, die abwechselnd aus Jungen und Mädchen besteht."

Leicht: *Die Kinder bilden anhand bestimmter Merkmale ein Muster (A-B-A-B): Junge-Mädchen-Junge ...; stehen-sitzen-stehen-sitzen ...; Arme oben-Arme unten-Arme oben ...)* ★
Mittel: *Das Muster wird komplexer A-A-B-A-A-B ...* ★★
Schwer: *Die größeren Kinder überlegen sich selbst ein Muster, das die anderen herausfinden müssen.* ★★★

Muster erkennen, Muster bilden

Förderziele

Spiel 10: Blaues Klatschen, rotes Hüpfen

Materialien: Muggelsteine unterschiedlicher Farben

Zeit: 20– 30 Min.
Gruppengröße: 2– 8 Kinder
Schwierigkeit: ★ bis ★★★

Durchführung: Die pädagogische Fachkraft legt ein einfaches Muster, wobei jeder Farbe eine Bewegung zugeordnet ist. Für die blauen Steine wird z.B. geklatscht, für die roten Steine wird einmal gehüpft. Bei diesem Spiel wird also ein abstraktes Muster in ein Bewegungsmuster übertragen.

Leicht: *Zwei Farben / Bewegungen werden genutzt.* ★
Mittel: *Die Komplexität des Musters wird erhöht, mehrere Bewegungen werden genutzt.* ★★
Schwer: *Die Kinder legen selbst Muster und denken sich Bewegungen aus.* ★★★

Muster erkennen, Muster bilden, abstrakte Muster in Bewegungsmuster übertragen

Förderziele

Spiel 11: Böser Drache „Durcheinander"

Zeit: 10–20 Min.
Gruppengröße: beliebig
Schwierigkeit: ★ bis ★★★

Materialien: verschiedene Gegenstände (Bauklötze, Legosteine etc.) unterschiedlicher Größe, Länge, Höhe …

Durchführung: In diesem Spiel werden Serien nach spezifischen Merkmalen (Länge, Höhe …) gebildet. Alle Gegenstände liegen in der Mitte eines Kreises. Es eignen sich kurze Geschichten zum Einstieg: „Eine Hexe hat heute Nacht unseren lieben Teddy in den bösen Drachen ‚Durcheinander' verzaubert. ‚Durcheinander' bringt immer all unser Spielzeug völlig durcheinander. Wir können den Zauber nur auflösen, wenn wir einmal alle Gegenstände wieder richtig ordnen …" o.ä. Die Gegenstände werden nun nach Höhe, Länge … geordnet.

★ **Leicht:** *Es werden nur drei gut unterscheidbare Gegenstände ausgewählt.*
★★ **Mittel:** *Es werden bis zu fünf Gegenstände ausgewählt.*
★★★ **Schwer:** *Es werden bis zu acht sehr ähnliche Gegenstände ausgewählt.*
Weitere Variationen: *Alternativ sind die Kinder verzaubert worden und müssen sich selbst nach ihrer Größe (Höhe) ordnen.*

Förderziele

Seriation nach spezifischen Merkmalen (Größe, Länge, Höhe)

Spiel 12: Himmel und Hölle

Zeit: 10–20 Min.
Gruppengröße: 2–4
Schwierigkeit: ★ bis ★★★

Materialien: Kreide, glatte Fläche aus Stein

Durchführung: Von diesem Spiel gibt es unzählige Variationen mit verschiedenen Namen und Spielregeln, allen gleich ist das folgende Prinzip: Ein Spielfeld (Abb. 31 und 32) wird mit Kreide oder einem weichen Stein auf Steine gezeichnet oder in den Boden geritzt. Danach wirft das erste Kind ein Steinchen in das Erde-Feld und springt von außerhalb mit beiden Füßen hinterher. Nach der Landung wirft es sein Steinchen ein Feld weiter und springt beidbeinig weiter in Richtung „Himmel". Das Steinchen wird nun nach jedem Sprung weitergeworfen und es wird hinterhergesprungen. Dabei darf weder der Stein in der „Hölle" liegenbleiben, noch darf das Kind in sie hineinspringen. Also wird von Feld acht der Stein direkt in das übernächste Feld (Himmel) geworfen und das Hölle-Feld übersprungen. Glücklich im „Himmel" angekommen, wird umgedreht. Dabei darf auch auf dem Rückweg nicht vergessen werden, die „Hölle" auszusparen. Wenn das Kind unterwegs einen Fehler macht, also eine Feldmarkierung übertritt, der Stein ins falsche Feld geworfen wird oder in der „Hölle" landet, ist das nächste Kind dran. In der darauffolgenden Runde darf jedes Kind dort wieder beginnen, wo es gepatzt hat.

Abb. 31: Himmel und Hölle 1

Abb. 32: Himmel und Hölle 2

Leicht: *Das Steinchen wird von dem Feld aus geworfen, in dem das Kind gerade steht.* ★

Mittel: *Das Steinchen wird bei jedem neuen Feld wieder von außen hereingeworfen, d. h. das Kind muss seinen Stein nach jedem Feld aufheben und zurück zum Anfang hüpfen. Von dort aus muss es dann aber auch das Feld treffen, das an der Reihe ist, und die davor liegenden Felder durchspringen. Die Gefahr, eine Linie zu übertreten oder in das falsche Feld zu werfen, ist bei dieser Spielvariante natürlich viel größer.* ★★

Schwer: *Das Spielfeld wird auf verschiedene Art und Weise durchhüpft: Hüpfen auf dem rechten Bein, Hüpfen auf dem linken Bein, mit gekreuzten Beinen …* ★★★

Förderziele

Umgang mit Zahlen, Umgang mit der Zahlwortreihe (vorwärts und rückwärts zählen bis / ab acht)

Spiel 13: Ab in die Ecken

Zeit: 10–20 Min.
Gruppengröße: beliebig
Schwierigkeit: ★★

Materialien: keine

Durchführung: Die Kinder versammeln sich in der Mitte des Raumes. Auf die Ansage der Fachkraft (oder eines Kindes) „Fünf ab in jede Ecke" teilt sich die Gruppe auf und läuft in die Ecken. Wenn sich mehr als die genannte Zahl an Kindern in einer Ecke eingefunden haben, dann müssen sich die überzähligen Kinder eine andere Ecke suchen oder, wenn „übrig", zurück in die Mitte des Raumes laufen.

Förderziele

Zahlen verstehen und Mengen zuordnen

Spiel 14: Und was passierte dann?

Zeit: 10–20 Min.
Gruppengröße: 2–4 Kinder
Schwierigkeit: ★ bis ★★★

Materialien: evtl. Bildkarten (Bildkarten im Online-Material; Geschichten z.B. „Das Rübchen" von Kurze 2009 oder „Der kleine Herr Jakob" von Press 2014)

Durchführung: Bei diesem Spiel geht es darum, Vorgänge/Geschehnisse in die richtige Reihenfolge zu bringen. Die pädagogische Fachkraft erzählt dazu unterschiedliche kleine Geschichten und baut Fehler in die Reihenfolge der Ereignisse ein, die die Kinder finden müssen.

Zum Beispiel: Heute Morgen hatte ich es ganz eilig. Ich habe mir ganz schnell die Zähne geputzt. Dann bin ich aufgestanden und habe mir ein Brötchen geschmiert...

★ **Leicht:** *Den Kindern werden einfache Bildkarten vorgelegt, die durcheinander geraten sind und wieder in die richtige Reihenfolge gebracht werden sollen.*

★★ **Mittel:** *Die Geschichten werden (ohne Bildkarten) erzählt.*

★★★ **Schwer:** *Die Kinder erzählen selbst Geschichten und bauen Fehler ein.*

Weitere Variationen: *Die Bildkarten können unterschiedlichste Ereignisse veranschaulichen: unterschiedlich weit abgebrannte Kerzen, unterschiedlich weit bekleidete Puppen, die Reihenfolge beim Tischdecken...*

Förderziele

Ereignisse in eine korrekte zeitliche Abfolge bringen (Seriation)

Spiel 15: Banktanz

Zeit: abhängig von der Anzahl der Durchgänge
Gruppengröße: 2–8 Kinder
Schwierigkeit: ★ bis ★★★

Materialien: ein bis zwei lange Bänke, Matten zum Darunterlegen

Durchführung: Fünf bis sechs Kinder stehen auf einer Bank, die das Seil symbolisiert. Nun ordnen sich die Kinder nach verschiedenen Eigenschaften um, z.B. nach Alter, Größe, Geschlecht, Anzahl der Geschwister, Farbe der Kleidung (hell bis dunkel). Dabei darf kein Kind mit den Füßen den Boden berühren. Die anderen Kinder helfen dabei, dass niemand beim Banktanz herunterfällt.

★ **Leicht:** *Es stehen nur drei Kinder auf der Bank und ordnen sich der Größe nach.*

★★ **Mittel:** *Es steht eine größere Anzahl von Kindern auf der Bank.*

★★★ **Schwer:** *Die Kinder denken sich selber Kriterien aus, nach denen sie sich sortieren.*

Weitere Variationen: *Das Spiel kann in eine Geschichte eingebettet werden, z.B.: Wir befinden uns gerade auf einem Seil über einen reißenden Fluss, in dem ge-*

fährliche Krokodile leben oder über eine Schlangengrube, in der es von Würgeschlangen wimmelt.

Seriation nach spezifischen Merkmalen (Größe)

Förderziele

Spiel 16: Bingo

Zeit: 10–20 Min.
Gruppengröße: beliebig
Schwierigkeit: ★ bis ★★★

Materialien: Würfel, Papier und Stift, auf dem Papier wird (oder wurde bereits) eine vorgegebene Anzahl an verschiedenen Würfelbilder aufgemalt (Würfelbilder im Online-Material)

Durchführung: Bei diesem Spiel geht es um das schnelle Erfassen von Mengen (in Form von Würfelbildern). Dazu erhält jedes Kind ein Blatt Papier mit drei vor- oder selbstgezeichneten Würfelbildern. Die Fachkraft würfelt und jedes Kind streicht das gewürfelte Würfelbild durch, wenn es auf seinem Blatt zu finden ist. Wer zuerst alle Würfelbilder seines Blattes durchgestrichen hat, ruft „Bingo" und hat gewonnen.

Leicht: *Jedes Kind erhält drei vorgezeichnete Würfelbilder.* ★
Mittel: *Jedes Kind erhält sechs vorgezeichnete Würfelbilder.* ★★
Schwer: *Die Kinder malen sich selbst einige verschiedene Würfelbilder.* ★★★

(Quasi-)Simultanerfassung von Würfelbildern

Förderziele

Spiel 17: Wir ziehen ... durch die goldne Brücke

Zeit: 10–20 Min.
Gruppengröße: beliebig
Schwierigkeit: ★

Materialien: keine

Durchführung: Zwei Kinder bilden eine Bücke, indem sie sich bei den Händen fassen und diese hochhalten. Alle anderen Kinder laufen durch die Brücke und singen gemeinsam das Lied „Ziehe durch die goldene Brücke". Am Ende der letzten Zeile des Liedes („der dritte muss gefangen sein"), nehmen die Kinder die Arme zu beiden Seiten herunter und umfangen das Kind, das gerade unter der Brücke ist. Dieses stellt sich nun neben eines der Kinder. Das nächste Kind, das gefangen wird, stellt sich auf die andere Seite und beide zusammen bilden die zweite Brücke, die dann wiederum den Dritten fängt. Wenn keiner mehr gefangen werden kann, ist das Spiel zu Ende.

Umgang mit der Zahlwortreihe bis drei, Ordnungszahlen bis drei

Förderziele

Spiel 18: Welche Zahl habe ich?

Zeit: 5–10 Min.
Gruppengröße: beliebig
Schwierigkeit: ★★ bis ★★★

Materialien: keine

Durchführung: Die pädagogische Fachkraft überlegt sich eine Zahl. Nun müssen die Kinder raten, welche sie ausgewählt hat. Als Hilfe darf sie nur sagen, ob die gesuchte Zahl größer oder kleiner als die genannte ist. Wer zuerst die richtige Zahl sagt, gewinnt und darf sich die nächste zu erratende Zahl ausdenken.

★★ **Mittel:** *Es wird eine Zahl zwischen eins und zehn ausgewählt.*
★★★ **Schwer:** *Es wird eine Zahl zwischen eins und zwanzig ausgewählt.*

Förderziele: Umgang mit der Zahlwortreihe bis zehn bzw. zwanzig, Zahlen vergleichen

Spiel 19: Büroklammern würfeln

Zeit: 5–10 Min.
Gruppengröße: zwei bis fünf Kinder
Schwierigkeit: ★

Materialien: Würfel mit Farben, farbige Büroklammern

Durchführung: In der ersten Runde würfelt jedes Kind ein Mal. Die Farbe, die es gewürfelt hat, ist nun „seine" Farbe. Dann wird reihum im Uhrzeigersinn gewürfelt. Dabei darf jedes Kind zwei Mal würfeln. Wenn es „seine" Farbe würfelt, darf es sich eine Büroklammer in dieser Farbe nehmen. Wenn nicht, wird der Würfel an das nächste Kind weitergegeben. Wer nach einer bestimmten, zuvor festgelegten Anzahl von Runden die meisten Büroklammern hat, hat gewonnen. Um dies zu ermitteln, sollen die Kinder schätzen, wer mehr oder weniger hat. Danach werden zur Kontrolle die Büroklammern der Kinder gezählt.

Förderziele: Farben erkennen und benennen, (Quasi-)Simultanerfassung von Würfelbildern, Umgang mit der Zahlwortreihe

Spiel 20: Gruppen-Finger

Zeit: 10–20 Min.
Gruppengröße: beliebig
Schwierigkeit: ★★★

Materialien: keine

Durchführung: Die Kinder werden in Dreiergruppen aufgeteilt, jede Kleingruppe sitzt zusammen. Dann nennt die Fachkraft eine Zahl. Aufgabe der Gruppen ist, diese Zahl mit ihren Fingern darzustellen, sodass die Summe der Finger, die gezeigt werden, die genannte Zahl ergibt. Die Gruppe, die das am schnellsten schafft, ist Rundensieger. Wichtig ist, dass die genannte Zahl dem Entwicklungsstand der teilnehmenden Kinder entspricht.

Zahlen verstehen und Mengen zuordnen, Teile-Ganzes-Verständnis

Förderziele

Spiel 21: Zahlenversteck

Materialien: Musik

Zeit: 10–20 Min.
Gruppengröße: beliebig
Schwierigkeit: ★★

Durchführung: Die Musik wird gestartet und alle Kinder laufen/hüpfen/tanzen durch den Raum. Dann wird die Musik angehalten und die Fachkraft (oder ein Kind) nennt eine Zahl und ein Versteck (z. B. „Drei unter den Tisch." oder „Vier hinter den Vorhang."). Aufgabe der Kinder ist es, sich in Gruppen zusammenzufinden und sich an dem angegeben Ort zu verstecken.

Zahlen verstehen und Mengen zuordnen

Förderziele

Spiel 22: Halli Galli (klassisch)

Materialien: Spiel Halli Galli

Zeit: 10–20 Min.
Gruppengröße: 2–5 Kinder
Schwierigkeit: ★ bis ★★★

Durchführung: Das Spiel Halli Galli ist ein Kartenspiel, käuflich zu erwerben und kann in verschiedenen Variationen gespielt werden. Bei allen Varianten geht es um das schnelle Erfassen und Zusammenzählen kleiner Mengen bis fünf. Für Vorschulkinder eignet sich die folgende (etwas vereinfachte) Version:

Die Kinder sitzen am Tisch, in der Mitte steht eine Glocke. Jedes Kind hat vor sich einen Stapel mit gleich vielen Karten liegen. Auf den Karten sind in jeweils unterschiedlicher Anzahl (eins bis fünf) vier verschiedene Obstsorten abgebildet: gelbe Bananen, blaue Pflaumen, rote Erdbeeren und hellgrüne Weintrauben. Nun decken die Kinder nacheinander im Uhrzeigersinn jeweils eine Karte von ihrem Stapel auf. Sobald eine festgelegte Anzahl gleicher Früchte einer Sorte erreicht sind (egal, ob auf einer Karte oder insgesamt auf den offen auf dem Tisch liegenden Karten), muss die Glocke geläutet werden. Das Kind, das zuerst klingelt, erhält alle offenen Karten und legt sie wieder unter seinen Stapel. Läutet ein Kind fälschlicherweise, muss es jedem der anderen Kinder je eine seiner Karten geben. Gewonnen hat, wer zum Schluss die meisten Karten besitzt.

★ **Leicht:** *Die Glocke wird geläutet, wenn insgesamt drei gleiche Früchte (oder mehr) auf dem Tisch liegen.*
★★ **Mittel:** *Die Glocke wird geläutet, wenn vier gleiche Früchte (oder mehr) auf dem Tisch liegen.*
★★★ **Schwer:** *Die Glocke wird geläutet, wenn fünf gleiche Früchte (oder mehr) auf dem Tisch liegen.*

Förderziele

Mengen simultan erfassen, einfache Operationen schnell ausführen

Spiel 23: Halli Galli (abgewandelt)

Zeit: 10–20 Min.
Gruppengröße: 2–5 Kinder
Schwierigkeit: ★★

Materialien: Spielkarten von Halli Galli, Karten mit den Zahlen 1–5

Durchführung: Die Kinder sitzen am Tisch, in der Mitte befinden sich ein Stapel mit Zahlsymbolkarten und die Glocke. Jedes Kind erhält fünf Halli-Galli-Karten, auf denen je 1, 2, 3, 4 und 5 Früchte abgebildet sind. Sobald eine Zahlsymbolkarte umgedreht wird, muss jedes Kind so schnell wie möglich die passende Mengen-Karte aus seinen fünf Karten heraussuchen und darf, sobald sie gefunden ist, die Glocke läuten. Wer geläutet hat, darf die Zahlsymbolkarte behalten. Gewonnen hat, wer zum Schluss die meisten davon besitzt.

Förderziele

Mengen simultan erfassen, Zahlen verstehen und Mengen bis fünf zuordnen

Spiel 24: Dem Zahlendieb auf der Spur

Zeit: 10–15 Min.
Gruppengröße: 2–8 Kinder
Schwierigkeit: ★ bis ★★★

Materialien: Zahlenbilder, Punktbilder oder Anzahlbilder (Bildkarten im Online-Material)

Durchführung: Karten mit den Ziffern Null bis Zehn werden verdeckt auf den Tisch gelegt und gemischt. Ein Kind ist der Zahlendieb und darf sich eine Karte stibitzen. Alle anderen sind die Detektive und müssen herausfinden, welche Karte fehlt. Die Karten werden nun umgedreht und wer zuerst die fehlende Zahl entdeckt, darf anschließend der Zahlendieb sein.

★ **Leicht:** *Es werden Karten mit Zahlen von eins bis fünf eingesetzt.*
★★ **Mittel:** *Es werden Karten mit Zahlen von eins bis zehn eingesetzt.*
★★★ **Schwer:** *Es werden Karten mit Zahlen von null bis zwanzig eingesetzt.*

Umgang mit der Zahlwortreihe bis zehn bzw. zwanzig

Förderziele

Spiel 25: Würfeln bis ins Ziel

Zeit: 5–10 Min.
Gruppengröße: paarweise
Schwierigkeit: ★

Materialien: 20 Punkte (Ø mind. 30 cm), z. B. auf Papier gedruckt, beliebige Würfelspiele

Durchführung: Bei Spielvariationen dieses Typs geht es um das Erkennen von Würfelbildern und um das Zählen. Die 20 Punkte werden in einer Reihe hintereinander auf den Fußboden gelegt sowie Start (1) und Ziel (20) festgelegt. Nun würfeln die Kinder abwechselnd, gehen jeweils die gewürfelte Anzahl vorwärts und zählen laut mit. Wer zuerst das Ziel erreicht, gewinnt.

Weitere Variationen: *Nach diesem Prinzip funktionieren eine Vielzahl verschiedener Würfelspiele – sie alle können ebenso genutzt werden.*

(Quasi-)Simultanerfassung von Würfelbildern, Umgang mit der Zahlwortreihe.

Förderziele

Spiel 26: Mutter, Mutter, wie weit darf ich reisen?

Zeit: 10 Min.
Gruppengröße: beliebig, mind. 3
Schwierigkeit: ★ bis ★★★

Materialien: keine

Durchführung: Die pädagogische Fachkraft oder ein Kind spielt die Mutter, die auf der einen Seite des Raumes steht. Die anderen Kinder stehen ihr gegenüber auf der anderen Seite des Raumes. Ein Kind beginnt und ruft: „Mutter, Mutter, wie weit darf ich reisen?" Die Mutter wählt eine Zahl und eine Gangart aus, z. B. vier Ameisen-, Katzen-, Elefantenschritte oder Känguruhüpfer. Diese darf das Kind dann vorwärts auf die Mutter zugehen. Das Spiel endet, wenn alle Kinder die Mutter erreicht haben.

Leicht: *Die Fachkraft ist die Mutter.* ★
Mittel: *Ein Kind ist die Mutter.* ★★
Schwer: *Es werden einfache Rechenaufgaben gerufen (drei + zwei Ameisenschritte).* ★★★

Umgang mit der Zahlwortreihe, Erfahrungen mit Längen

Förderziele

Spiel 27: Zahlensport

Zeit: 10–15 Min.
Gruppengröße: paarweise
Schwierigkeit: ★ bis ★★★

Materialien: ein Ball pro Paar

Durchführung: Hier geht es um das Üben der Zahlwortreihe. Die Kinder zählen, wie oft sie sich gegenseitig den Ball zuwerfen können, ohne dass er herunterfällt. Es wird eine Zahl vorgegeben, die sie erreichen sollen. Fällt der Ball herunter, beginnen sie wieder von vorne zu zählen.

★ **Leicht:** *Die Kinder zählen bis maximal fünf.*
★★ **Mittel:** *Die Kinder zählen bis maximal zehn.*
★★★ **Schwer:** *Die Kinder zählen bis maximal zwanzig.*

Förderziele
Umgang mit der Zahlwortreihe

Spiel 28: Lustige Marienkäfer

Zeit: 10–20 Min.
Gruppengröße: beliebig
Schwierigkeit: ★ bis ★★★

Materialien: Stifte und Papier, ggf. Marienkäfervorlage erstellen und kopieren (Bildkarten im Online-Material)

Durchführung: Die Kinder malen Marienkäfer. Der Körper wird längs geteilt. Anschließend erhalten die Kinder eine Anzahl Punkte, die sie auf die Körperhälften verteilen dürfen. Wichtig ist im Anschluss eine Reflexion darüber, dass eine Anzahl auf verschiedene Art verteilt werden kann.

★ **Leicht:** *Jedes Kind bekommt sechs Punkte, die nach Angabe der Fachkraft auf die Hälften verteilt werden.*
★★ **Mittel:** *Jedes Kind bekommt sechs Punkte, die es selbst auf die Hälften verteilen darf.*
★★★ **Schwer:** *Die Kinder dürfen selbst wählen, wie viele Punkte sie ihrem Käfer insgesamt geben wollen und dürfen diese selbst auf die Hälften verteilen.*

Förderziele
Umgang mit der Zahlwortreihe, Teile-Ganzes-Verständnis

Spiel 29: Fingerspiel fünf Freunde

Materialien: keine

Zeit: 10 Min.
Gruppengröße: beliebig
Schwierigkeit: ★★★

Durchführung: Gemeinsam wird der Spruch von den fünf Freunden aufgesagt: „Fünf Freunde sitzen dicht an dicht, sie wärmen sich, sie frieren nicht. Der Erste sagt: Ich muss jetzt geh'n. Der Zweite sagt: Auf Wiederseh'n. Der Dritte, der verlässt das Haus. Der Vierte geht zur Türe raus. Der Fünfte ruft: Hey ihr, ich frier. Da wärmen ihn die anderen vier." Dabei halten die Kinder eine Hand hoch, strecken nacheinander (passend zum Spruch und beginnend mit dem kleinen Finger) ihre Finger einzeln aus und machen zum Schluss eine Faust um den Daumen herum.

Förderziele: Umgang mit der Zahlwortreihe bis fünf, Ordnungszahlen bis fünf

Spiel 30: Fingerspiel Hasenfang

Materialien: keine

Zeit: 10 Min.
Gruppengröße: beliebig
Schwierigkeit: ★★★

Durchführung: Gemeinsam wird der Spruch vom Hasenfang aufgesagt: „Fünf Männlein sind in den Wald gegangen (mit allen fünf Fingern der rechten Hand wackeln) und wollten einen Hasen fangen. Der Erste war so dick wie ein Fass (mit dem Daumen wackeln) und brummte stets: Wo ist der Has'? Der Zweite rief: Hurra, hurra – (Zeigefinger wackelt) der Has' ist da, der Has' ist da! Der Dritte war der Allerlängste, (Mittelfinger wackelt) doch leider auch der Allerbängste. Er fing sofort zu weinen an, weil er den Has' nicht sehen kann. Der Vierte sagte: „Das ist mir zu dumm. (Ringfinger wackelt) Ich kehre lieber wieder um! Der Fünfte, der Kleinste, der hat gelacht (kleiner Finger wackelt) und den Hasen nach Hause gebracht."

Förderziele: Umgang mit der Zahlwortreihe bis fünf

Spiel 31: Reicht das?

Materialien: Bilder oder kleine Gegenstände in gleicher/unterschiedlicher Anzahl (Bildkarten im Online-Material)

Zeit: 5–10 Min.
Gruppengröße: Kleingruppe
Schwierigkeit: ★ bis ★★★

Durchführung: Vor den Kindern werden Bildmotive oder Gegenstände in gleicher oder unterschiedlicher Anzahl hingelegt, die thematisch zusammengehören, z.B. Blumensträuße und Vasen, Puppen und ihre Kleider, Spielzeugautos und Fahrer.

Mit kleinen Geschichten animiert die pädagogische Fachkraft die Kinder zum Zuordnen: „Mama hat Geburtstag und bekommt ganz viele Blumensträuße. Ob die Vasen wohl reichen?" oder „Ein Pferderennen soll stattfinden, aber haben wir überhaupt genug Pferde für alle Reiter?"

★ **Leicht:** *Die Bildmotive oder Gegenstände werden in zwei Reihen untereinander hingelegt. Die Kinder können die Paare zusammenschieben und so die Lösung herausfinden.*

★★ **Mittel:** *Die Bildmotive oder Gegenstände sind geordnet, die Kinder dürfen sie aber nicht mehr berühren und zuordnen, sondern vergleichen die Mengen direkt bzw. zählen größere Mengen ab.*

★★★ **Schwer:** *Die Bilder oder Gegenstände sind ungeordnet und dürfen nicht berührt werden. Die Kinder finden allein heraus, ob beide Mengen gleich groß sind oder nicht. Alternativ können auch mehr Blumen/Kleider/Fahrer dazugelegt werden und auf die Vasen/Puppen/Autos verteilt werden. Geht es auf?*

Förderziele

Eins-zu-Eins-Zuordnung, Mengen vergleichen

Spiel 32: Kegeln

Zeit: 10–20 Min.
Gruppengröße: 2–8 Kinder
Schwierigkeit: ★ bis ★★★

Materialien: neun Kegel, Plastikflaschen o.ä., ein Ball, Papier und Stift (Vordrucke für die Auswertung im Online-Material)

Durchführung: Die Kinder kegeln. Nach jeder Runde werden die umgefallenen und die stehengebliebenen Kegel jeweils zusammengezählt und als Striche notiert.

★ **Leicht:** *Die beschriebene Spielvariante ist als leicht einzustufen.*

★★ **Mittel:** *Die Würfe werden in eine Strichliste notiert: Links werden die umgefallenen Kegel mit Strichen vermerkt, rechts die stehengebliebenen. Ergänzend können neben die Striche die Ziffern geschrieben werden.*

★★★ **Schwer:** *Zusätzlich zur mittleren Spielvariante wird durch das Zusammenzählen aller Striche pro Durchgang überprüft, ob auch kein Kegel vergessen wurde.*

Förderziele

Umgang mit der Zahlwortreihe, einfache Rechenoperationen, Teile-Ganzes-Verständnis

Spiel 33: Domino

Materialien: Dominosteine

Zeit: abhängig von der Anzahl der Steine
Gruppengröße: 2–8 Kinder
Schwierigkeit: ★ bis ★★★

Durchführung: Domino ist ein Legespiel mit rechteckigen Spielsteinen, die in zwei Felder aufgeteilt sind. Auf diesen Feldern können Formen, Bilder bzw. Anzahlen von Punkten oder kleinen Bildern in jeweils allen möglichen Kombinationen abgebildet sein. Jedes Kind erhält nun eine festgelegte Anzahl von Spielsteinen. Ziel ist, je einen Stein zu finden, der an den vorherigen angelegt werden kann. Das ist dann der Fall, wenn eine Seite des Steins exakt dasselbe abbildet, das die freie Seite des letzten Steines abgebildet hat. Es können Spielsteine käuflich erworben, aber auch sehr gut mit den Kindern selbst hergestellt werden.

Leicht: *Jede Seite der Dominosteine besteht aus einer Farbe.* ★
Mittel: *Auf den Dominosteinen sind Würfelbilder bzw. Bilder abgebildet.* ★★
Schwer: *Auf den Dominosteinen sind Zahlsymbole abgebildet. Es muss immer die gleiche Zahl angelegt werden. Oder: Es muss immer der Nachfolger/Vorgänger angelegt werden.* ★★★
Weitere Variationen: *Auf den Dominosteinen sind auf einer Seite kleine Rechenaufgabe, auf der anderen Seite Zahlen abgebildet. An jede Rechenaufgabe muss nun jeweils ein Stein mit der Ergebniszahl angelegt werden.*

Förderziele

leicht: Objekte aufgrund spezifischer Merkmale erkennen; mittel: (Quasi-)Simultanerfassung von Würfelbildern, Umgang mit der Zahlwortreihe; schwer: Umgang mit Zahlwortreihe, einfache Rechenoperationen

Spiel 34: Kastanien würfeln

Materialien: eine Schüssel voller Kastanien (oder ähnliches)

Zeit: beliebig
Gruppengröße: 2–8 Kinder
Schwierigkeit: ★★

Durchführung: Die Schüssel mit den Kastanien steht in der Mitte. Nun wird reihum gewürfelt. Jedes Kind nimmt sich aus der Schüssel so viele Kastanien, wie es Augen gewürfelt hat. Ist die Schale leer, zählen die Kinder ihre Kastanien. Gewonnen hat das Kind mit der höchsten Anzahl. Die Kinder erhalten beim Abzählen der Kastanien im Spiel und am Schluss Unterstützung durch die pädagogische Fachkraft.

Weitere Variationen: *Es wird eine Ausnahme eingeführt: Wird die Sechs gewürfelt, dann müssen sechs Kastanien in die Schüssel zurückgelegt werden.*

Ebenso kann mit zwei Würfeln gewürfelt werden, wobei die höhere Augenzahl die Anzahl der zu entnehmenden, die niedrigere Augenzahl die Anzahl der in die Schüssel zurückzulegenden Kastanien anzeigt.

Förderziele

(Quasi-)Simultanerfassung von Würfelbildern, Umgang mit der Zahlwortreihe, Zahlen verstehen und Mengen zuordnen

Spiel 35: Kaufmannsladen

Zeit: 20–40 Min.
Gruppengröße: 2–8 Kinder
Schwierigkeit: ★ bis ★★★

Materialien: verschiedene Gegenstände zum Verkaufen, Münzen (selbstgebastelt, Spielgeld oder Cent-Stücke; Vorlagen im Online-Material)

Durchführung: Das Spielen mit dem Kaufmannsladen bietet eine Vielzahl mathematischer Aspekte, z.B. das Zählen von Waren, das Zählen von Geld, das Errechnen von Beträgen etc. Kaufmannsläden stehen in vielen Gruppen zur Verfügung, können aber auch leicht aus vorhandenen Materialien improvisiert werden. Auch das Selbstherstellen von Münzen bietet sich an.

★ **Leicht:** *Ein Gegenstand kostet 1 Euro.*
★★ **Mittel:** *Die Gegenstände haben unterschiedliche Preise.*
★★★ **Schwer:** *Den Kindern steht nur ein bestimmter Betrag zum Einkaufen zur Verfügung.*

Förderziele

Umgang mit Mengen, Umgang mit der Zahlwortreihe, Umgang mit Geld, einfache Rechenoperationen

4.2 Formen und Raum

Spiel 36: Formen-Puzzle

Zeit: 60 Min.
Gruppengröße: 2–8 Kinder
Schwierigkeit: ★ bis ★★★

Materialien: vorbereitete Zeichnungen mit Umrissen von Formen, Malstifte oder Pinsel und Farbe (Vordrucke im Online-Material)

Durchführung: Vorab zeichnet die pädagogische Fachkraft die Umrisse von Formen (Kreise, Vierecke, Dreiecke etc.) auf ein Blatt Papier. Zusätzlich wird eine Trennlinie in Zickzack-Form, in Wellen-Form oder quer durch die Formen eingezeichnet. Je unterschiedlicher die Trennlinie bei den einzelnen Formen verläuft, desto besser. Die Blätter mit den Umrissen werden so oft kopiert, dass für jedes Kind mehrere zur Verfügung stehen. Zunächst werden die Formen-Umrisse ausgemalt oder gestaltet, dann werden sie aus- und an ihrer Trennlinie durchgeschnitten. Die Formen-Hälften werden nun zusammen in einen Korb gelegt und gemischt. Die Aufgabe der Kinder ist es jetzt, die einzelnen Hälften der Formen wieder zusammenzupuzzeln.

Leicht: *Jede Form wird mit jeweils einer Farbe ausgemalt. Die Kinder können die Farbe beim Zusammensetzen nutzen, die Art der Trennlinie ist gleich.* ★
Mittel: *Jede Form wird unterschiedlich gestaltet. Die Art der Trennlinien ist verschieden, die Kinder werden auf die Unterschiedlichkeit der Trennlinien hingewiesen und können diese als Hilfe zum Zusammensetzen nutzen.* ★★
Schwer: *Jede Form wird unterschiedlich gestaltet. Die Art der Trennlinien ist gleich, die Kinder können sich beim Zusammensetzen nur noch an der Form orientieren.* ★★★
Weitere Variationen: *Das Spiel kann Symbole bestimmter Feiertage nutzen: Eier-Formen eignen sich zu Ostern, in der Vorweihnachtszeit können auch Christbaumkugeln gepuzzelt werden …*

Formen erkennen, Formen vergleichen

Förderziele

Spiel 37: Formen-Domino

Zeit: abhängig von der Anzahl der Steine
Gruppengröße: 2–8 Kinder
Schwierigkeit: ★ bis ★★

Materialien: Dominosteine mit Formen

Durchführung: Wie Spiel 24, auf diesen Dominosteinen sind allerdings Formen abgebildet.

Leicht: *Jede Seite der Dominosteine besteht aus einer Form, wobei die Formen je gleiche Farben haben (z.B. Vierecke rot, Kreise blau).* ★
Mittel: *Jede Seite der Dominosteine besteht aus einer Form, wobei gleiche Formen verschiedene Farben haben können.* ★★
Weitere Variationen: *Auf den Dominosteinen können auch mehrere Formen abgebildet sein, wobei dann jeweils die gleiche Menge gleicher Formen angelegt werden muss.*

Formen erkennen, Formen vergleichen

Förderziele

Spiel 38: Formen-Memory

Zeit: 20–30 Min.
Gruppengröße: 2–8 Kinder
Schwierigkeit: ★ bis ★★★

Materialien: Becher und Formen (z.B. Bausteine aus Holz) in gleicher Anzahl, Formen sind paarweise vorhanden

Durchführung: Die Kinder spielen Memory mit Formen. Dazu werden alle Formen auf dem Tisch verteilt und mit Bechern zugedeckt. Ziel ist, gleiche Formen zu finden.

★ **Leicht:** *Es gibt max. zehn Becher und zwei oder drei verschiedene Formen (z.B. Kreis, Dreieck, Viereck) in gleicher Farbe.*
★★ **Mittel:** *Es gibt bis zu 20 Becher mit vier bis sechs verschiedenen Formen (Kreis, Dreieck, Quadrat, Rechteck, Sechseck, Trapez) in gleicher Farbe.*
★★★ **Schwer:** *Es gibt verschiedene Formen in verschiedenen Farben.*

Förderziele
Formen erkennen, gleiche Formen finden

Spiel 39: Formen-Bilder

Zeit: beliebig
Gruppengröße: 2–8 Kinder
Schwierigkeit: ★ bis ★★★

Materialien: geometrische Formen (Kreise, Vierecke, Dreiecke ...) unterschiedlicher Größe aus Papier, Papier als Unterlage oder Magnettafel mit magnetischen geometrischen Formen

Abb. 33: Eisenbahn aus Grundformen

Durchführung: Hier geht es darum, aus geometrischen Formen Bilder zu legen. Dafür gibt es viele Spielvarianten, für die den Kindern jeweils eine bestimmte Anzahl verschiedener Formen zur Verfügung stehen müssen.

Leicht: *Die Fachkraft legt ein Bild vor, alle Kinder legen das Bild nach. Zum Schluss werden alle Formen genannt, die genutzt worden sind.* ★

Mittel: *Ein Kind legt ein Bild, die anderen müssen erraten, was das ist und dieses Bild nachlegen.* ★★

Schwer: *Die Fachkraft gibt Formen vor, die Kinder legen daraus verschiedene Bilder.* ★★★

Weitere Variationen: *Das Spiel kann auch gruppenweise gegeneinander gespielt werden. Welche Gruppe zuerst den gelegten Begriff erkennt, gewinnt. Hierbei kann entweder ein Kind für alle legen oder je ein Kind für die anderen aus seiner Gruppe.*

Förderziele

Formen erkennen und benennen können

Spiel 40: Tic Tac Toe

Zeit: 10–15 Min.
Gruppengröße: paarweise
Schwierigkeit: ★★★

Materialien: ein Blatt Papier, Stifte

Durchführung: In diesem Spiel geht es darum, sich in einem vorgegebenen Raum zu orientieren. Tic Tac Toe wird auf einem einfach aufzuzeichnenden Spielfeld gespielt. Es besteht aus senkrechten Spalten und waagerechten Reihen. Die Anzahl kann nach dem Alter der Kinder variiert werden, ratsam ist es, mit drei Spalten und drei Zeilen zu beginnen. In die entstehenden Felder werden nun abwechselnd Kreuze oder Kreise gemalt, wobei ein Kind als Zeichen den Kreis, das andere das Kreuz hat. Ziel ist, drei der eigenen Zeichen (Kreuz oder Kreis) in einer waagerechten, senkrechten oder diagonalen Reihe zu platzieren. Die Kinder sind abwechselnd an der Reihe. Das Spiel endet unentschieden, wenn das Spielfeld komplett gefüllt ist, ohne dass ein Kind eine Dreierlinie entdeckt hat.

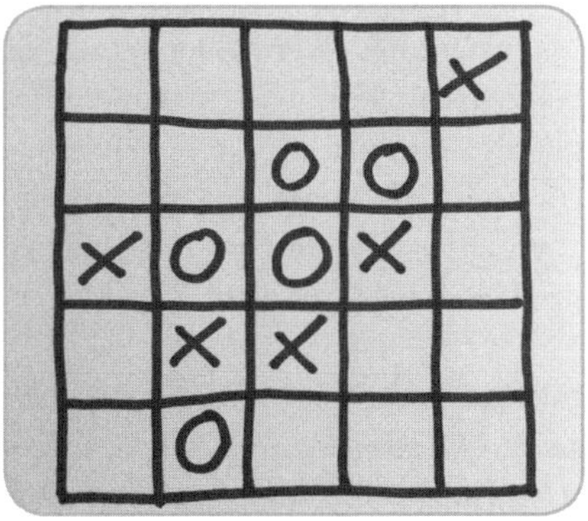

Abb. 34: Tic Tac Toe

Weitere Variationen: *Das Spiel ist auch in einer Variante mit einem Spielbrett und Plastiksteinchen im Handel zu erwerben.*

Förderziele

Räumliche Orientierung, Umgang mit der Zahlwortreihe

Spiel 41: Im Doppelpack

Zeit: 10–20 Min.
Gruppengröße: paarweise
Schwierigkeit: ★ bis ★★★

Materialien: pro Paar Formen zum Legen (in verschiedenen Farben, Formen und Größen)

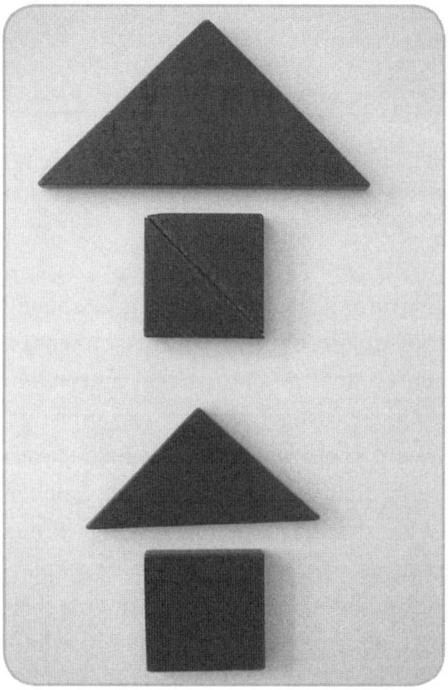

Abb. 35: Haus aus zwei Grundformen

Durchführung: Zwei Kinder setzen sich Rücken an Rücken auf den Fußboden, beide haben gleiche Materialien vor sich. Ein Kind legt daraus ein Bild und begleitet dies sprachlich, z.B. „Ich lege ein Haus: Zuerst ein Viereck und darüber ein Dreieck." Das andere Kind baut das Bild nach dieser Erklärung parallel mit.

Wenn das Bild fertig ist, drehen sich beide Kinder um und vergleichen. Danach wechseln die Rollen.

★ **Leicht:** *Es liegen nur wenige, ausgewählte Formen bereit, die nur ein Bild oder wenige Bilder zulassen.*

★★ **Mittel:** *Anzahl und Formenvielfalt werden erhöht.*

Schwer: *Anzahl und Formenvielfalt werden erhöht, die Kinder müssen eine Vielzahl von räumlichen Angaben machen/erkennen (über, unter, links neben ...).* ★★★

Förderziele

Formen erkennen, Formen benennen, Raum-Lage-Beziehungen verstehen und selbst angeben

Spiel 42: Memory im Raum

Zeit: 10–20 Min.
Gruppengröße: 10–20 Kinder
Schwierigkeit: ★★★

Materialien: Gegenstände, die zu einer Gruppe gehören (z. B. Besteck, Früchte)

Durchführung: Die pädagogische Fachkraft versteckt die Gegenstände zur Vorbereitung im Gruppenraum. Die Kinder werden nun gebeten, alle Gegenstände, die zu einer Kategorie (Gruppe) gehören, z. B. Besteck, zu suchen. Die Fachkraft hilft mit Angaben zu den „Verstecken" (unter dem Tisch, hinter dem Stuhl ...).

Weitere Variationen: *Eine Kleingruppe versteckt die Gegenstände und hilft einer anderen Kleingruppe mit Raum-Lage-Angaben beim Finden.*

Förderziele

Räumliche Orientierung, Raum-Lage-Beziehungen verstehen und selbst angeben, Objekte aufgrund spezifischer Merkmale erkennen und in eine Kategorie einordnen (Klassifizieren)

Spiel 43: So ein Gewimmel

Zeit: 10–20 Min.
Gruppengröße: 2–8 Kinder
Schwierigkeit: ★ bis ★★

Materialien: ein großes Bild, z. B. ein Wimmelbild

Durchführung: Die pädagogische Fachkraft betrachtet gemeinsam mit den Kindern ein Wimmelbild. Die Kinder sind die Detektive, die Fachkraft beschreibt, was diese entdecken sollen, z. B. „Ich suche etwas, das unter den Bäumen zu finden ist." Oder „In dem Bild ist eine kleine Maus versteckt. Wo befindet sie sich?"

Leicht: *Die Fachkraft beschreibt die Lage im Raum, das Kind muss verstehen.* ★
Mittel: *Das Kind muss die Lage im Raum selbst beschreiben und dazu Raum-Lage-Bezeichnungen (hinter, vor, über ...) nutzen.* ★★
Weitere Variationen: *Wimmelbilder können auch hervorragend zum Zählen und Vergleichen genutzt werden, indem Gesprächsimpulse gegeben werden: Wieviele Vögel/Autos/Kinder findest du auf dem Bild? Findest du mehr Mädchen oder mehr Jungen?*

Förderziele

Räumliche Orientierung, Raum-Lage-Beziehungen verstehen und selbst angeben, in Variation auch: Umgang mit der Zahlwortreihe und Mengen vergleichen

Spiel 44: Schatzsuche I

Zeit: 20 Min.
Gruppengröße: 2–8 Kinder
Schwierigkeit: ★★ bis ★★★

Materialien: vorbereitete Schatzkarte, Schatz

Durchführung: Die Kinder sind Piraten auf einer einsamen Insel. Dort wurde vor langer Zeit ein Schatz vergraben, den sie mithilfe einer Karte finden sollen. Auf der Schatzkarte sind der Grundriss des Gruppenraums und wichtige Orientierungspunkte dargestellt.

★★ **Mittel:** *Es sind viele Orientierungspunkte der Karte eingezeichnet.*
★★★ **Schwer:** *Die Kinder erhalten lediglich den Grundriss des Gruppenraums mit einem Hinweis auf das Versteck des Schatzes.*
Weitere Variationen: *Die Schatzkarte ist verschwunden. Nun muss einer der Piraten, der sie zuletzt gesehen hat und sich noch an sie erinnern kann, beschreiben, wo der Schatz versteckt ist.*
Der Schatz kann auch im Garderobenbereich, im ganzen Gebäude oder auf dem Außengelände versteckt sein.
Außerdem können zwei Gruppen jeweils ihren eigenen Schatz suchen. Wer findet seinen schneller?

Förderziele

Räumliche Orientierung, Raum-Lage-Beziehungen verstehen und selbst angeben

Spiel 45: Spaziergang im Zoo

Zeit: 20–30 Min.
Gruppengröße: 2–8 Kinder
Schwierigkeit: ★ bis ★★★

Materialien: selbst errichteter Zoo

Durchführung: Gemeinsam wird ein Zoo mit verschiedenen Spielzeugtieren in Gehegen aufbaut. Abwechselnd wandern die Kinder mit einem Püppchen durch den Zoo und erfüllen verschiedene, durch die Fachkraft vorgegebene Aufgaben:

★ **Leicht:** *Wie kann unser Püppchen jetzt zu den Pinguinen kommen? Gibt es noch einen anderen Weg?*
★★ **Mittel:** *Welche Tiere findet unser Püppchen neben den Löwen? Kann es unterwegs die Affen sehen, wenn es jetzt geradeaus zu den Nashörnern geht?*

Schwer: *Welcher Weg ist für das Püppchen wohl der kürzeste von den Elefanten zu den Löwen? Was sieht das Püppchen links, wenn sie von den Löwen zu den Pinguinen weitergeht?* ★★★

Räumliche Orientierung, Raum-Lage-Beziehungen verstehen und selbst angeben

Förderziele

Spiel 46: Topfschlagen I

Materialien: Topf, Kelle, Augenbinde, ein Schatz oder Geschenk zum Verstecken

Zeit: 10–15 Min.
Gruppengröße: 2–8 Kinder
Schwierigkeit: ★★

Durchführung: Das Spiel Topfschlagen eignet sich in einer leicht abgewandelten Version gut zum Üben von Raum-Lage-Angaben bzw. deren Verständnis. Ein Topf wird (umgedreht) im Raum abgestellt. Nachdem einem Kind die Augen verbunden wurden, wird ihm fortlaufend von den anderen Kindern beschrieben, wo es hingehen muss (geradeaus, nach links, schräg nach vorn …).

Räumliche Orientierung, Raum-Lage-Beziehungen verstehen und selbst angeben

Förderziele

Spiel 47: Wir schießen Fotos

Materialien: Fotoapparat, Drucker

Zeit: 20–30 Min.
Gruppengröße: beliebig
Schwierigkeit: ★ bis ★★★

Durchführung: Bei einem Spaziergang schießen die Kinder oder die Fachkraft Fotos von bekannten Gebäuden, Brücken, Brunnen o. ä.

Zurück in der Gruppe, werden die Bilder begutachtet. Wer erkennt, was auf dem Foto zu sehen ist? Von welcher Seite wurde das Objekt fotografiert? Wo ist der Eingang, wo eine bestimmte Figur zu sehen?

Leicht: *Es werden eindeutige Aufnahmen des ganzen Gebäudes, der Brücke mit Hintergrund oder des gesamten Brunnens ausgewählt.* ★

Mittel: *Es werden Fotos ausgewählt, die nur ein besonders charakteristisches Detail des Gebäudes, der Brücke oder des Brunnes darstellen.* ★★

Schwer: *Die Bilder sind in sechs Teile zerschnitten und anfangs wird nur ein Teil hingelegt. Die Kinder überlegen gemeinsam, welches Gebäude, welche Brücke, welcher Brunnen das sein könnte. Wenn kein Kind darauf kommt, wird das zweite Teil usf. hinzugefügt, bis das Rätsel gelöst ist.* ★★★

Förderziele

Objekte in unterschiedlichen Perspektiven betrachten

Spiel 48: Autorennen

Zeit: beliebig
Gruppengröße: 2–8 Kinder
Schwierigkeit: ★ bis ★★★

Materialien: ein großes Blatt Papier, ein Edding (zum Vorzeichnen), verschiedenfarbige breite Stifte, Stoppuhr (Vorlagen für Rennstrecken im Online-Material)

Durchführung: Die Kinder veranstalten ein Autorennen. Hierfür malt die pädagogische Fachkraft mithilfe zweier sich über das Blatt schlängelnder Linien eine in sich geschlossene Rennstrecke auf ein Blatt Papier. Start und Ziel werden markiert. Dann „fährt" ein Kind auf der Rennstrecke, indem es mit einem Stift den Weg nachzeichnet. Wenn es vom Weg abkommt, muss es wieder von vorne anfangen. Die Fachkraft stoppt die Zeit, bis das Kind im Ziel ist. Im Anschluss daran ist das nächste Kind dran, das mit einem andersfarbigen Stift die Rennstrecke „abfährt". Es gewinnt das Kind, das die Rennstrecke am schnellsten passiert hat.

★ **Leicht:** *Die Rennstrecke enthält ein paar Kurven, der Weg ist breit, an einer Stelle etwas enger gezeichnet.*
★★ **Mittel:** *Die Rennstrecke ist etwas länger und schwieriger gestaltet, z.B. mit Zickzackabschnitten.*
★★★ **Schwer:** *Die Rennstrecke ist länger und enthält Schleifen oder Achten.*

Förderziele

Räumliche Orientierung

Spiel 49: Wo bin ich

Zeit: beliebig
Gruppengröße: 2–8 Kinder
Schwierigkeit: ★★★

Materialien: keine

Durchführung: Alle Kinder schließen die Augen. Die Fachkraft (später auch einzelne Kinder) beschreibt einen Weg auf dem Kita-Gelände (innen und/oder außen). Alle anderen versuchen, im Kopf „mitzulaufen". Zum Schluss wird gefragt, wo man sich am Ende des Weges befindet.

Beispiel: „Ich betrete das Haus und gehe durch die Glastür. Dann gehe ich einige Schritte in Richtung Theaterraum. Kurz davor gehe ich nach links. Ich stehe nun vor einer Tür. Vor welchem Raum bin ich?"

Förderziele

Räumliche Orientierung, Raum-Lage-Beziehungen verstehen und selbst angeben

Spiel 50: Steh Bock, lauf Bock

Materialien: Spielfeld, keine weiteren Materialien

Zeit: 10–20 Minuten
Gruppengröße: beliebig
Schwierigkeit: ★★

Durchführung: Ein Kind ist der Fänger. Die anderen Kinder bewegen sich auf dem Spielfeld. Aufgabe des Fängers ist es, alle Kinder zu fangen, indem es sie berührt. Gelingt ihm das, muss das gefangene Kind wie versteinert stehen bleiben und eine vorgegebene Position einnehmen, z.B. Grätsche. Das Kind kann von einem anderen, noch nicht gefangenen, befreit werden, indem es z.B. von hinten durch dessen Beine krabbelt oder dreimal umrundet wird. Ziel des Fängers ist es, alle Kinder zu fangen. Gelingt es ihm? Der Schwierigkeitsgrad wird durch die sportlichen Fähigkeiten des Fängers bestimmt.

Räumliche Orientierung

Förderziele

4.3 Größen und Messen

Spiel 51: Topfschlagen II

Materialien: Topf, Kelle, Augenbinde, ein Schatz oder Geschenk zum Verstecken

Zeit: 10–15 Min.
Gruppengröße: 2–8 Kinder
Schwierigkeit: ★★

Durchführung: siehe Spiel 46

Unter dem Topf finden sich zwei Gegenstände. Das Kind muss mit geschlossenen Augen bestimmen, welcher Gegenstand schwerer ist.

Umgang mit Größen, Größen (Gewicht) einschätzen und vergleichen

Förderziele

Spiel 52: Schatzsuche II

Materialien: vorbereitete Schatzkarte, Schatz

Zeit: 10–15 Min.
Gruppengröße: 2–8 Kinder
Schwierigkeit: ★★★

Durchführung: siehe Spiel 44

Auf der Schatzkarte ist der Weg mittels verschiedener Längenmaße (z.B. vier große Schritte geradeaus, drei Armlängen nach links …) dargestellt.

Umgang mit Größen (Längenmaße), Größen messen

Förderziele

Spiel 53: Klimpern

Zeit: 10–15 Min.
Gruppengröße: 2–8 Kinder
Schwierigkeit: ★★★

Materialien: kleine Knöpfe (o. ä.), ein Muggelstein als Ziel

Durchführung: Die Kinder schnipsen aus einer vorgegebenen Entfernung abwechselnd ihre Knöpfe so dicht wie möglich ans Ziel (Muggelstein). Welcher Knopf am dichtesten am Muggelstein liegt, wird mit einer Schnur gemessen.

Man kann dieses Spiel auch mit Kugeln, die gerollt werden (Prinzip Boule), spielen.

Weitere Variationen: *Gemessen werden kann ebenso mit einem Lineal/Zollstock.*

Förderziele

Umgang mit Größen (Längenmaße), Größen messen

Spiel 54: Stuhlball

Zeit: 10–20 Min.
Gruppengröße: 2–8 Kinder
Schwierigkeit: ★ bis ★★★

Materialien: Stuhl mit vier Beinen, ein Ball, ggf. ein Maßband, Kreppband zum Markieren der Startlinie

Durchführung: Der Stuhl wird in den Raum gestellt. Die Kinder stehen hinter der Startlinie, die in etwa einem Meter Abstand vom Stuhl aufgeklebt wird. Die Kinder müssen nun abwechselnd den Ball durch die Stuhlbeine rollen. Jedes Kind hat drei Versuche, gelingt es nicht, scheidet es aus. Die Kinder, die es geschafft haben, treten einen Schritt zurück und markieren eine neue Startlinie. Wieder wird versucht, den Ball durch die Stuhlbeine zu rollen. Die Entfernung zwischen Stuhl und Startlinie wird solange vergrößert, bis es kein Kind mehr schafft, den Ball zwischen den Stuhlbeinen hindurchrollen zu lassen.

★ **Leicht:** *Der Abstand zwischen Stuhl und Startlinie wird durch jeweils einen großen Rückwärtsschritt eines Kindes vergrößert.*
★★ **Mittel:** *Der Abstand zwischen Stuhl und Startlinie wird mithilfe eines zuvor festgelegten Gegenstandes vergrößert (z. B. mit einem 20 cm langen Seil).*
★★★ **Schwer:** *Der Abstand zwischen Stuhl und Startlinie wird mithilfe eines Maßbandes oder Zollstocks vergrößet.*
Weitere Variationen: *Das Spiel kann – wie oben beschrieben – im Gruppenraum stattfinden, aber auch auf den Spielplatz oder den Hof der Kindertageseinrichtung verlegt werden. Statt mit Kreppband wird die Startlinie mit Kreide markiert.*
Das Spiel kann in zwei Gruppen gespielt werden. Die Kinder stehen in zwei Reihen

vor ihrem Stuhl. Wer den Ball durch den Stuhl gerollt hat, stellt sich hinten an. Welche Gruppe als erste fertig ist, gewinnt.

Umgang mit Größen (Länge), Größen messen

Förderziele

Spiel 55: Lücken-Suche

Materialien: mehrere Stifte (alternativ Papierstreifen, Schnüre o.ä.) in verschiedenen Längen

Durchführung: Ein Kind ordnet die Stifte nach ihrer Länge. Nun schließt es die Augen. Das zweite Kind nimmt einen Stift aus dieser Reihe und schließt die Lücke, indem es die anderen wieder zusammen schiebt. Das erste Kind darf seine Augen nun wieder öffnen und muss herausbekommen, an welche Stelle der Stift gehört.

Zeit: 10–15 Min.
Gruppengröße: paarweise
Schwierigkeit: ★

Umgang mit Größen (Länge), Seriation nach spezifischen Merkmalen

Förderziele

Spiel 56: Längen-Suche

Materialien: keine

Durchführung: Die Fachkraft gibt ein Längenmaß vor (z.B. eine Fingerlänge, eine Armlänge …). Danach müssen die Kinder so schnell wie möglich Gegenstände im Gruppenraum finden, die genauso lang sind.

Weitere Variationen: *Den Kindern können auch unterschiedlich lange Schnüre ausgeteilt werden, mittels derer sie Gegenstände gleicher Größe finden müssen.*

Zeit: 10–15 Min.
Gruppengröße: 2–8 Kinder
Schwierigkeit: ★★★

Umgang Größen (Längenmaße), Größen messen

Förderziele

Spiel 57: Ball aus Knete

Zeit: beliebig
Gruppengröße: 2–8 Kinder
Schwierigkeit: ★ bis ★★★

Materialien: Tischtennisbälle, Knete, Tücher als Augenbinden

Durchführung: Bei diesem Spiel geht es darum, die Größe eines Balles zu erkennen und den Ball in verschiedenen Größen nachzubilden. Jedes Kind erhält dazu einen Tischtennisball und soll diesen aus Knete nachformen.

★ **Leicht:** *Der Tischtennisball wird mit der Knete nachgeformt, ohne dass dem Kind die Augen verbunden werden.*

★★ **Mittel:** *Der Tischtennisball wird mit der Knete nicht nur in gleicher Größe, sondern auch kleiner oder größer nachgeformt.*

★★★ **Schwer:** *Der Tischtennisball wird mit der Knete nachgeformt, wobei dem Kind die Augen verbunden werden und es den Tischtennisball nur ertasten kann.*

Förderziele: Umgang mit Größen, Größen einschätzen und vergleichen

Spiel 58: Federleicht und Steinschwer

Zeit: beliebig
Gruppengröße: 2–8 Kinder
Schwierigkeit: ★ bis ★★

Materialien: Bilder von beliebigen Tieren und Gegenständen (Bildkarten im Online-Material)

Durchführung: Die Kinder erhalten die Aufgabe, drei bis vier Bildkarten nach bestimmten Größen (Gewicht, Höhe, Länge …) einzuschätzen, zu sortieren, zu vergleichen. Es geht dabei um die Größe(n) in der Realität, deshalb sollten diese deutlich differieren (z. B. Gewicht von Maus, Mensch, Elefant).

★ **Leicht:** *Die Kinder erhalten drei gut unterscheidbare Bildkarten und sortieren sie nach Höhe oder Gewicht.*

★★ **Mittel:** *Die Kinder erhalten vier gut unterscheidbare Bildkarten und ordnen sie zusätzlich nach Länge oder Breite.*

Förderziele: Umgang mit Größen, Größen einschätzen und vergleichen

Spiel 59: Längen-Detektive

Materialien: Schnur, Scheren

Zeit: 20–30 Min.
Gruppengröße: 2–5 Kinder
Schwierigkeit: ★ bis ★★★

Durchführung: Jedes Kind sucht sich ein Möbelstück (Stühle, Tische, Tafeln …) aus dem Gruppenraum aus und schneidet eine Schnur auf die Länge dieses Gegenstandes zu. Danach werden die Schnüre auf einen Haufen gelegt, jedes Kind nimmt sich eine zufällig ausgewählte und sucht nun nach dem Möbelstück, dessen Länge die Schnur hat. Um die Möglichkeiten einzugrenzen, wird vorher festgelegt, ob es sich um Möbelstücke, Spielzeuge o.ä. handeln darf.

Leicht: *Es werden maximal zwei in ihrer Länge gut unterscheidbare Gegenstände ausgewählt.* ★
Mittel: *Es werden drei in ihrer Länge gut unterscheidbare Gegenstände ausgewählt.* ★★
Schwer: *Es werden fünf in ihrer Länge gut unterscheidbare Gegenstände ausgewählt.* ★★★

Umgang mit Größen (Länge), Größen einschätzen und vergleichen

Förderziele

Spiel 60: Von leicht bis schwer

Materialien: beliebige Gegenstände aus dem Gruppenraum, (Balken-)Waage

Zeit: 10–20 Min.
Gruppengröße: 2–8 Kinder
Schwierigkeit: ★ bis ★★★

Durchführung: Vor den Kindern werden mehrere Gegenstände ausgebreitet und von der pädagogischen Fachkraft mit einem Spruch verzaubert. Das bedeutet, dass sie nur an ihren eigentlichen Platz zurückgetragen werden dürfen, wenn sie ihrem Gewicht nach in der richtigen Reihenfolge sortiert sind. Zum Vergleichen des Gewichts dürfen die Hände, eine Balkenwaage oder für ältere Kinder eine Waage mit Anzeige genutzt werden.

Leicht: *Es gibt drei bis fünf deutlich unterschiedlich schwere Gegenstände.* ★
Mittel: *Es gibt drei bis fünf weniger deutlich unterschiedlich schwere Gegenstände.* ★★
Schwer: *Die Kinder müssen zunächst versuchen, die vorgegebenen Gegenstände (bis zu fünf) in die richtige Reihenfolge zu legen, ohne sie zu berühren. Anschließend überprüfen sie ihr Ergebnis mithilfe einer Waage oder mit den Händen.* ★★★

Umgang mit Größen (Gewicht), Größen einschätzen und vergleichen, Größen messen, Größen vergleichen, Seriation nach spezifischen Merkmalen

Förderziele

Spiel 61: Eine Minute

Zeit: 5 Min.
Gruppengröße: beliebig
Schwierigkeit: ★★

Materialien: Uhr oder Stoppuhr

Durchführung: Dieser Spieltypus gibt viele Impulse, das subjektive Empfinden und das objektive Vergehen von Zeit mit den Kindern zu thematisieren.

Abwechselnd darf je ein Kind alle anderen für eine Minute verzaubern. Das bedeutet, das Zauberer-Kind darf bestimmen, was die anderen Kinder innerhalb der nächsten Minute tun. Es kann sich dabei um verschiedenste Aktivitäten handeln (laufen, klatschen, auf dem Boden liegen, stumm sein, hüpfen etc.). Die Uhr wird vom Zauberer-Kind selbst (ggf. mit Hilfe der Fachkraft) abgelesen.

Förderziele

Größen (Zeit) subjektiv wahrnehmen, Größen messen

Zum Weiterlesen

Bostelmann, A. (2009): Jederzeit Mathezeit! Verlag an der Ruhr, Mühlheim an der Ruhr
Kaufmann, S. (2011): Handbuch für die frühe mathematische Bildung. Schroedel, Braunschweig
Lorenz, J.H. (2012): Kinder begreifen Mathematik. Frühe mathematische Bildung und Förderung. Kohlhammer, Stuttgart
Schilling, S., Prochinig, T. (2013): Frühförderung Mathematik. Spiele und Lernanregungen für den Alltag. 3. Aufl. Schubi, Schaffhausen
Spielotti (o.J.): 1.001 Spielideen für Gruppen. In: www.labbe.de/spielotti/index.asp
Taylor, R. (2006): Mathematik: zählen ordnen messen. Cornelsen, Berlin

Literatur

Aebli, H. (2006): Zwölf Grundformen des Lehrens. Eine allgemeine Didaktik auf psychologischer Grundlage. Medien und Inhalte didaktischer Kommunikation, der Lernzyklus. 13. Aufl. Klett Verlag, Stuttgart

Bertelsmann Stiftung (2010): Der KOMPIK- Beobachtungsbogen. Verlauf der Entwicklung von Kindern beobachten und dokumentieren. In: www.keck-atlas.de/kompik/entwicklungsbereiche.html, 21.12.2014

BMBF – Bundesministerium für Bildung und Frauen (2009): Bundesländerübergreifender BildungsRahmenPlan für elementare Bildungseinrichtungen in Österreich. In: www.bmbf.gv.at/ministerium/vp/2009/bildungsrahmenplan_18698.pdf?4dtiae, 17.12.2014

Bostelmann, A. (2009): Jederzeit Mathezeit! Verlag an der Ruhr, Mühlheim an der Ruhr

Bruner, J. (2008): Wie das Kind sprechen lernt. 2. Aufl. Huber, Bern/Stuttgart/Toronto

Carle, E. (2007): Die kleine Raupe Nimmersatt. Gerstenberg Verlag, Hildesheim

Clements, D.H. (1984): Training Effects on the Development and Generalization Piagetian Logical Operations and Knowledge of Number. Journal of Education Psychology 76 (5), 766–776

Deutscher, T., Selter, C. (2013): Frühe mathematische Bildung – Forschungsbefunde und Förderkonzepte. In: Stamm, M., Edelmann, D.: Handbuch frühkindliche Bildungsforschung. Springer, Heidelberg, 543–556

Dornheim, D. (2008): Prädiktion von Rechenleistungen und Rechenschwäche: Der Beitrag von Zahlen-Vorwissen und allgemein kognitiven Fähigkeiten. Logos, Berlin.

Fried, A., Schmidt-Thieme, B. (2011): Ein mathematisches Bilderbuch als Gesprächsanlass für Mathematik im Kindergarten. In: Textor, M.R. (Hrsg.): Kindergartenpädagogik Online-Handbuch. In: www.kindergartenpaedagogik.de/2191.html, 21.12.2014

Friedrich, G., Munz, H. (2006): Förderung schulischer Vorläuferfähigkeiten durch das didaktische Konzept „Komm mit ins Zahlenland“. Psychologie in Erziehung und Unterricht 53 (2), 134–146

Fritz, A., Ricken, G., Schmidt, S. (2003): Über die Schwierigkeiten mit der Rechenschwäche – eine Zwischenbilanz zum Thema. In: Fritz, A.,

Ricken, G., Schmidt, S. (Hrsg.): Rechenschwäche. Weinheim, Basel, Berlin, 452–468

Fthenakis, W.E., Schmitt, A., Daut, M., Eitel, A., Wendell, A. (2009): Natur-Wissen schaffen. Band 2: Frühe mathematische Bildung. Bildungsverlag EINS, Troisdorf

Fuson, K.C. (1988): Childrens's Counting and Concepts of Number. Springer, New York

Gaidoschik, M. (2007): Rechenschwäche vorbeugen – Erstes Schuljahr: Vom Zählen zum Rechnen. G&G, Wien

Gasteiger, H. (2014): Mathematische Lerngelegenheiten bei Würfelspielen – Eine Videoanalyse im Rahmen der Interventionsstudie MaBiiS. In: Roth, J., Ames, J. (Hrsg.): Beiträge zum Mathematikunterricht 2014. WTM-Verlag, Münster

Gisbert, K. (2004): Lernen lernen: Lernmethodische Kompetenzen von Kindern in Tageseinrichtungen fördern. Beltz, Weinheim/Basel

Grüßing, M., Heinze, A., Duchardt, C., Ehmke, T., Knopp, E., Neumann, I. (2013): KiKi – Kieler Kindergartentest Mathematik zur Erfassung mathematischer Kompetenzen von vier- bis sechsjährigen Kindern im Vorschulalter. In: Hasselhorn, M., Heinze, A., Schneider, W., Trautwein, U. (Hrsg.): Diagnostik mathematischer Kompetenzen. Hogrefe, Göttingen, 67–80

Gut, J., Reimann, G., Grob, A. (2012): Kognitive, sprachliche, mathematische und sozial-emotionale Kompetenzen als Prädiktoren späterer schulischer Leistungen: Können die Leistungen eines Kindes in den IDS dessen Schulnoten drei Jahre später vorhersagen? Zeitschrift für Pädagogische Psychologie 26 (3), 213–220

Hauser, B., Vogt, F., Stebler, R., Rechsteiner, K. (2014): Förderung früher mathematischer Kompetenzen. Frühe Bildung 3 (3), 139–145

Heinze, A., Kessler, S., Kuntze, S., Lindmeier, A., Moormann, M., Reiss, K. (2007): Kann Paul besser argumentieren als Marie? Betrachtungen zur Beweiskompetenz von Mädchen und Jungen aus differentieller Perspektive. Journal für Mathematik-Didaktik 28 (2), 148–167

Hiele, P.M. van (1984): A child's Thought and Geometry. In: Fuys, D., Geddes, D., Tischler, R. (Hrsg.): English Translation of Selected Writings of Dina van Hiele-Geldorf and Pierre M. van Hiele. Brooklyn College, Brooklyn, 243–252

ICD-10 (2014): Internationale statistische Klassifikation der Krankheiten und verwandter Gesundheitsprobleme, 10. Revision – German Modification. Version 2014. In: www.icd-code.de/icd/code/ICD-10-GM-2014.html, 21.12.2014

Jandl, E., Junge, N. (2014): fünfter sein. Beltz & Gelberg, Weinheim

Jörns, C., Schuchardt, K., Mähler, C., Grube, D. (2013): Alltagsintegrierte Förderung numerischer Kompetenzen im Kindergarten. Frühe Bildung 2 (2), 84–91

Jordan, N.C., Kaplan, D., Oláh, L.N., Locuniak, M.N. (2006): Number Sense Growth in Kindergarten: A Longitudinal Investigation of Children at Risk for Mathematics Difficulties. Child Development 77 (1), 153–175

Jungmann, T., Koch, K., Schulz, A. (2015): Überall stecken Gefühle drin. Ernst Reinhardt, München/Basel

Jungmann, T., Morawiak, U., Meindl, M. (2015): Überall steckt Sprache drin. Ernst Reinhardt, München/Basel

Kaufmann, S. (2011): Handbuch für die frühe mathematische Bildung. Schroedel, Braunschweig

Krajewski, K. (2003): Vorhersage von Rechenschwäche in der Grundschule. Dr. Kovac, Hamburg

Krajewski, K., Nieding, G., Schneider, W. (2008): Kurz- und langfristige Effekte mathematischer Frühförderung im Kindergarten durch das Programm „Mengen, zählen, Zahlen." Zeitschrift für Entwicklungspsychologie und Pädagogische Psychologie 40 (3), 135–146

Krajewski, K., Schneider, W. (2006): Mathematische Vorläuferfertigkeiten im Vorschulalter und ihre Vorhersagekraft für die Mathematikleistungen bis zum Ende der Grundschulzeit. Psychologie in Erziehung und Unterricht 53 (4), 246–262

Kurze, C.-P. (2009): Das Rübchen. Eulenspiegel-Verlag, Berlin

Linneweber-Lammerskitten, H. (2013): Sprachkompetenz als integrierter Bestandteil der Mathematical Literacy?. In: Becker- Mrotzek, M., Schramm, K., Thürmann, E., Vollmer, H.J. (Hrsg.): Sprache im Fach. Waxmann, Münster, 151–166

Lorenz, J.H. (2012): Kinder begreifen Mathematik. Frühe Mathematische Bildung und Förderung. Kohlhammer, Stuttgart

Lorenz, J.H. (2006): Förderdiagnostische Aufgaben für Kindergarten und Anfangsunterricht. In: Grüßing, M., Peter-Koop, A. (Hrsg.): Die Entwicklung mathematischen Denkens in Kindergarten und Grundschule. Mildenberger, Offenburg, 55–66

Luit, J. van, Rijt, B. van de, Hasemann, K. (2001): Osnabrücker Test zur Zahlbegriffsentwicklung. Hogrefe, Göttingen

Lüken, M. (2012): Muster und Strukturen im mathematischen Anfangsunterricht. Grundlegung und empirische Forschung zum Struktursinn von Schulanfängern. Waxmann, Münster/New York/München/Berlin

Mitgutsch, A. (2014): Mein großes Spielplatz-Wimmelbuch. Ravensburger, Ravensburg

Moser-Opitz, E. (2007): Rechenschwäche / Dyskalkulie. Theoretische Klärungen und empirische Studien an betroffenen Schülerinnen und Schüler. Haupt, Bern

National Council of Teachers of Mathematics (NCTM) (2000): Principles and standards for school mathematics. NCTM, Reston, VA

Oechsle, U. (2011): Mathematische Vorläuferfähigkeiten am Ende der Kindergartenzeit – Diagnose anhand des „Freiburger Screenings" ein halbes Jahr vor Schuleintritt in Regelkindergärten mit dem Förderschwerpunkt „geistige Entwicklung". In: http://opus.bsz-bw.de/hsrt/volltexte/2012/116/pdf/WIHA_komplett.pdf, 21.12.2014

Oers, B. van (2004): Mathematisches Denken bei Vorschulkindern. In: Fthenakis, W.E., Oberhuemer, P. (Hrsg.): Frühpädagogik international. Bildungsqualität im Blickpunkt. VS Verlag für Sozialwissenschaften, Wiesbaden, 313–330

Peter-Koop, A. (2001): Authentische Zugänge zum Umgang mit Größen. Grundschulzeitschrift 15 (141), 6–11

Peter-Koop, A., Grüßing, M. (2007): Bedeutung und Erwerb mathematische Vorläuferfähigkeiten. In: Brokmann-Nooren, B., Gereke, I., Kiper, H., Renneberg, W. (Hrsg.): Bildung und Lernen der Drei- bis Achtjährigen. Klinkhardt, Bad Heilbrunn, 153–166

Peter-Koop, A., Grüßing, M. (2006): Mathematische Bilderbücher – Kooperation zwischen Elternhaus, Kindergarten und Grundschule. In: Grüßing, M., Peter-Koop, A. (Hrsg.): Die Entwicklung mathematischen Denkens in Kindergarten und Grundschule. Mildenberger, Offenburg, 150–169

Petermann F., Wiedebusch S. (2008): Emotionale Kompetenz bei Kindern. 2.Aufl. Hogrefe, Göttingen

Press, H.J. (2014): Der kleine Herr Jakob. 11. Aufl. Beltz & Gelberg, Weinheim / Basel

Ramani, G.B., Siegler, R.S. (2008): Promoting Broad and Stable Improvements in Low-Income Children's Numerical Knowledge Through Playing Number Board Games. Child Development 79 (2), 375–394

Resnick, L.B. (1989): Developing Mathematical Knowledge. American Psychologist 44 (2), 162–169

Sarama, J., Clements, D.H. (2009): Building Blocks and Cognitive Building Blocks: Playing to Know the World Mathematically. American Journal of Play 1 (3), 313–337

Schilling, S., Prochinig, T. (2013): Frühförderung Mathematik. Spiele und Lernanregungen für den Alltag. 3. Aufl. Schubi, Schaffhausen

Sinner, D. (2011): Prävention von Rechenschwäche durch ein Training mathematischer Basiskompetenzen in der ersten Klasse. In: geb.uni-giessen.de/geb/volltexte/2011/8198/pdf/SinnerDaniel_2011_05_25.pdf, 21.12.2014

Spielotti (o.J.): 1.001 Spielideen für Gruppen. In: www.labbe.de/spielotti/index.asp, 21.12.2014

Taylor, R. (2006): Mathematik: zählen ordnen messen. Cornelsen, Berlin

Weißhaupt, S., Peucker, S., Wirtz, M. (2006): Diagnose mathematischen Vorwissens im Vorschulalter und Vorhersage von Rechenleistungen und Rechenschwierigkeiten in der Grundschule. Psychologie in Erziehung und Unterricht 53 (4), 236–245

Wittmann, E.C. (2010): Grundsätzliche Überlegungen zur frühkindlichen Bildung in der Mathematik. In: Stamm, M., Edelmann, D. (Hrsg.): Frühkindliche Bildung, Betreuung und Erziehung. Was kann die Schweiz lernen? Rüegger, Zürich, 177–195

Wittmann, E.C. (2003): Was ist Mathematik und welche Bedeutung hat das wohlverstandene Fach für den Mathematikunterricht auch der Grundschule? In: Baum, M., Wielpütz, H.: Mathematik in der Grundschule. Ein Arbeitsbuch. Kallmeyer, Seelze, 18–46

Wittmann, E.C. (2002): Developing Mathematics Education in a Systemic Process. Plenary Lecture at ICME 9. Educational Studies in Mathematics 48 (1), 1–20

Wustmann Seiler, C., Simoni, H. (2012): Orientierungsrahmen für frühkindliche Bildung, Betreuung und Erziehung in der Schweiz. Erarbeitet vom Marie Meierhofer Institut für das Kind, erstellt im Auftrag der Schweizerischen UNESCO-Kommission und des Netzwerks Kinderbetreuung Schweiz. Zürich

Bildnachweis

Abb. 1 – 19 sowie 21 – 35 im Innenteil von Katja Koch
Abb. 20 im Innenteil von Aram Galstyan
Abb. Marienkäfer, Marienkäferblatt, Gesicht mit Lupe, Legosteine, Schaumkopf, Kind am Bücherregal im Innenteil sowie Abb. für die Online-Materialien (Spiel 14, 24, 28, 31, 32, 58) von Wolfgang Theiler

Passwort für das Online-Material

Das Passwort zum Öffnen des Zusatzmaterials lautet: Upsala!
Bitte geben Sie das Passwort nicht weiter!